本书编写组◎编

非公有制经济组织和新社会组织党务工作手册

FEIGONGYOUZHI JINGJI ZUZHI HE XINSHEHUI ZUZHI DANGWU GONGZUOSHOUCE

加大非公有制经济组织、社会组织党建工作力度

是党的十八大提出的为增强党的阶级基础

扩大党的群众基础、夯实党的执政基础

必须抓紧抓好、并切实抓出成效的党建工作任务

新修订的《中国共产党发展党员工作细则》提出的

发展党员和党员管理工作的十六字总要求

控制总量、优化结构、提高质量、发挥作用

中国言实出版社

图书在版编目(CIP)数据

非公有制经济组织和新社会组织党务工作手册/《非公有制经济组织和新社会组织党务工作手册》编写组编. —北京：中国言实出版社，2014.8

ISBN 978-7-5171-0693-7

Ⅰ.①非… Ⅱ.①非… Ⅲ.①中国共产党-非公有制经济-经济组织-党的建设-工作-手册 Ⅳ.D267.1-62

中国版本图书馆CIP数据核字(2014)第161793号

责任编辑： 郭江妮

出版发行 中国言实出版社

地 址：北京市朝阳区北苑路180号加利大厦5号楼105室

邮 编：100101

编辑部：北京市西城区百万庄路甲16号五层

邮 编：100037

电 话：64924853(总编室) 64924716(发行部)

网 址：www.zgyscbs.cn

E-mail：zgyscbs@263.net

经 销 新华书店

印 刷 北京毅峰迅捷印刷有限公司

版 次 2014年9月第1版 2024年1月第2次印刷

规 格 710毫米×1000毫米 1/16 13.5印张

字 数 155千字

定 价 38.00元 ISBN 978-7-5171-0693-7

前 言

改革开放以来，我国的各种非公有制经济组织和新社会组织得到了长足发展，已经成为中国特色社会主义事业的重要组成部分。非公有制经济组织和新社会组织的存在和发展是我国经济社会发展的内在要求和时代进步的必然产物。非公有制经济组织和新社会组织已经成为我国发展和繁荣社会主义市场经济，保障和改善人民生活不可或缺的重要力量。随着我国社会经济的快速发展，非公有制经济组织和新社会组织这两类组织的影响力日益凸显，迫切需要从实际出发，在这些组织和群体中建立党的组织，开展党的活动，只有这样，才能将党的影响和作用渗透到新的经济社会空间，把新的社会力量动员起来、组织起来、凝聚起来，紧紧团结在党的周围，有效扩大党的群众基础。

党的十八大报告指出，要“加大非公有制经济组织、社会组织党建工作力度”。加强非公有制经济组织和新社会组织领域的党建工作本质上是为了巩固党的执政基础，促进非公有制经济组织和新社会组织的健康发展。当前，非公有制经济组织和新社会组织已成为

党的基层组织建设中的一块十分重要的阵地。加强和改进非公有制经济组织和新社会组织党的建设工作，是党的十八大提出的为增强党的阶级基础、扩大党的群众基础、夯实党的执政基础必须抓紧抓好、并切实抓出成效的党建工作任务。

近年来，非公有制经济组织和新社会组织党建工作取得了明显进展，但是，由于受非公有制经济组织和新社会组织自身特点的影响和制约，从总体上看，这些组织的党建工作，与我国经济社会总的形势发展不相适应，与这些组织的发展壮大以及在我国经济社会中所发挥的作用不相适应，与实现我党在新时期的总任务和总目标的总要求不相适应，这些组织的党建工作仍是整个党建工作中的一个薄弱环节。这一问题如不抓紧解决，就难以实现党对非公有制经济组织、新社会组织的政治领导，难以保证非公有制经济组织、新社会组织的健康发展，难以发挥非公有制经济组织、新社会组织的作用。在这些组织的党建工作中存在的诸如选配好党组织负责人难、开展组织活动难、党组织和党员发挥作用难等问题，需要我们在今后的工作中去不断探索和解决。

我们党对加强和改进非公有制经济组织和新社会组织党的建设高度重视，2012 年 3 月，中共中央办公厅发布了《关于加强和改进非公有制企业党的建设工作的意见（试行）》，从明确功能定位、健全工作机制、推进双覆盖面、探索有效途径、加强队伍建设、加强对企业出资人教育引导、强化党建工作保障等七个方面，对新形势下做好非公有制企业党建工作提出了原则指导和具体操作方法，是新时期加强和改进非公有制企业党的建设的行动指南。2014 年 6 月，新修订的《中国共产党发展党员工作细则》颁布实施，把新形势下发展党员和党员管理工作时提出的十六字总要求写入《细则》总则，即“控制总量、优化结构、提高质量、发挥作用”。这对于新的历史条件下加强和改进非公有制经济组织和新社会组织中的党建党务工作有极大的指导作用，也进一步说明了推进这项任务的极端重要性和十分紧迫性。

为了大力推进非公有制经济组织和新社会组织党的建设工作，把党的基层组织建设工作提高到一个新水平，我们依据党的十八大通过的新《党章》和《关于加强和改进非公有制企业党的建设工作的意见（试行)》以及新修订的《中国共产党发展党员工作细则》编写了本书。本书在反映和体现党中央对加强和改进非公有制经济组织和新社会组织党的建设的最新精神和要求的同时，系统地介绍了非公有制经济组织和新社会组织党建工作的意义任务、功能职责、方法要领、操作指南等内容，既注重了政策理论的权威性，又突出了具体工作的可操作性，希望本书成为党务工作者熟悉和了解非公有制经济组织和新社会组织党建工作内容、指导和借鉴工作方法和操作流程、快速提升工作能力的学习助手和实用工具。

由于时间仓促和水平所限，书中一定存在许多疏漏和不当之处，希望广大党务工作者不吝赐教，对本书提出批评指正，我们在此表示衷心的感谢，并将参考所提意见，借鉴吸收最新党建成果，及时对本书进行修订完善。

编　者

2014 年 9 月

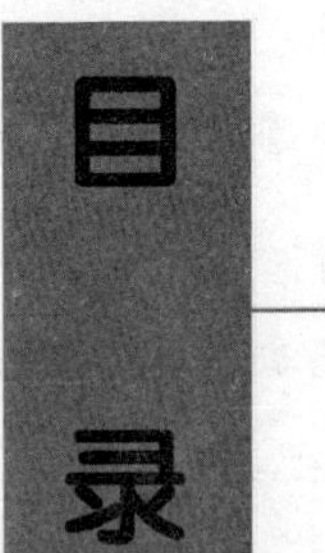

目录 CONTENTS

第一章

做好非公有制经济组织和新社会组织党建党务工作的重要意义

党的十八大报告指出，要“加大非公有制经济组织、社会组织党建工作力度”。党的十六大第一次把非公有制经济组织中党组织的职责任务写进《党章》，十七大进一步强调“全面推进农村、企业、城市社区和机关学校、新社会组织等基层党组织建设”。而十八大再次重申了加强非公有制经济组织、新社会组织领域党建的重要性。

非公有制经济组织，是指各种社会经济成分中公有制经济以外的其他经济成分组织。在我国现阶段，非公有制经济组织包括个体工商户、私营企业、港澳台商投资企业、外商投资企业以及混合所有制经济中的非国有成分和非集体成分的经济组织。这类经济组织是指归我国内地公民私人所有或归外商、港澳台商所有的经济成分占主导或相对主导地位的企业组织。所谓外商、港澳台商所有的经济成分占相对主导地位是指外商、港澳台所占股份虽不足百分之五十，但其股份所占比例最大，相对于其他股东对企业起到控股作用。

社会组织是指由一定数量的社会成员按照一定的规范并围绕一定的目标聚合而成的社会群体。新社会组织是指改革开放以来，我

国在社会主义市场经济发展过程中新涌现出来的相对于政党、政府等传统组织形态之外的各类民间性的社会组织，包括社会团体、基金会、民办非企业单位、部分中介组织以及各类社区活动团队。新社会组织种类繁多，有工商经济类社会组织、公益慈善类社会组织、社会福利类社会组织、社会服务类社会组织等等。

非公有制经济组织（也称“新经济组织”）和新社会组织，一般简称“两新”组织，是中国特色社会主义的重要组成部分，日益成为我国经济社会生活的一支重要力量，在促进经济社会全面、协调、可持续发展中发挥着不可替代的作用。在“两新”组织中开展党建工作，是党的基层组织建设所面临的新课题。做好“两新”组织党建党务工作，不仅对加强和改进党的基层组织建设、扩大党的基层组织和工作覆盖面、夯实党的执政基础具有重大现实意义，而且也是加强社会建设、促进社会和谐的必然要求，同时对促进“两新”组织健康发展也是十分有益的。党的十八大后的新形势对“两新”组织的党建党务工作提出了全新的要求，不断推进这项工作，是一项光荣而艰巨的任务。

一　非公有制经济组织和新社会组织是中国特色社会主义的重要组成部分

改革开放以来，我国的各种非公有制经济组织和新社会组织得到了长足发展，已经成为中国特色社会主义事业的重要组成部分。伴随着非公有制经济组织和新社会组织这两类组织的日益增多，迫切需要从实际出发，在这些组织和群体中建立党的组织，开展党的活动，只有这样，才能将党的影响和作用渗透到新的经济社会空间，把新的社会力量动员起来、组织起来、凝聚起来，紧紧团结在党的周围，有效扩大党的群众基础。

(一)“两新”组织是党的基层组织建设的重要领域

改革开放30多年来，我国非公有制经济组织从无到有、蓬勃发展，已成为发展社会主义市场经济的重要力量。据国家工商部门统计，我国非公有制企业已达900多万家，占全国企业总数的70%，成为我国最大的企业群体。非公有制经济组织中个体工商户超过3600万户。非公有制经济创造的增加值占国内生产总值的60%，上缴国家的税收比重不断增加。2011年，全国500强企业中，有非公有制企业184家。目前，非公有制经济组织还提供了我国约65%的发明专利、80%的技术创新（新产品开发）以及85%以上的出口贸易，成为我国自主创新和参与国际竞争的生力军。近几年来，广大非公有制经济组织同党和政府风雨同舟、共克时艰，积极转变发展方式，踊跃投身现代农业、现代服务业、基础产业、文化产业和高新技术产业，有力地促进了我国经济结构的调整，推动了经济实力的增强。

改革开放以来，特别是近10多年来，国家和地方出台了一系列促进社会组织发展的政策，都对我国社会组织的发展起到了良好的推动和促进作用。据有关部门统计，近年来全国新社会组织年均增长10%以上，我国的新社会组织得到了蓬勃发展。截止到2010年底，全国依法登记的社会组织43.9万多个，同时，在各级民政部门备案的农村专业经济协会4万多个、城市社区社会组织20万多个。随着经济的快速发展，我国社会结构发生了广泛而深刻的变革，健全和规范新社会组织的发展机制，充分发挥各类社会组织在构建社

会主义和谐社会中的作用，已成为今天我国改革开放、发展经济和建设和谐社会的客观要求。

随着社会经济的快速发展，“两新”组织已成为社会经济的重要组成部分，影响力日益凸显。两新组织党建工作，是新时期加强党的建设的一个重要领域。作为新领域党建，工作基础薄弱，遇到的新情况新问题也很多。如何抓好“两新”组织党组织党建工作，是党的基层组织建设的一项重要内容。

党的十八大报告要求全面推进党的建设新的伟大工程，全面提高党的建设科学化水平。“两新”组织党建工作是党的建设新的伟大工程的重要内容，也是党的建设科学化水平的重要领域。“两新”组织的存在和发展是我国经济社会发展的内在要求和时代进步的必然产物，加强“两新”领域党建工作本质上是为了巩固党的执政基础，促进“两新”组织的健康发展。

“两新”组织党建工作是党的基层组织建设的新的重要领域。近年来，“两新”组织党建工作虽然取得了明显进展，但总体上仍较落后，发展不平衡。这一问题如不抓紧解决，就难以实现党对非公有制经济组织、新社会组织的政治领导，难以保证非公有制经济组织、新社会组织的健康发展，难以发挥非公有制经济组织、新社会组织的作用。所以更需要从战略的、全局的高度提高对加强“两新”组织党建工作的重要性和紧迫性的认识，增强政治责任感和历史使命感。

（二）非公有制经济组织是我国国民经济中最活跃的分子

非公有制经济组织由于其自身体制机制的显著特征，成为现阶段国民经济中最具生机与活力的组成部分，成为我国经济发展中最

引人瞩目的亮点。非公有制经济组织积极参与市场竞争，推动市场建设，加速了产权、土地、劳务、资本、信息和技术等多种要素市场的形成，推动了统一、开放、竞争、有序的现代市场体系的建设，促进了现代企业制度的建立。非公有制经济组织积极参与国有企业改组改造，踊跃参与国家一系列大型建设项目，它的发展为我国社会主义市场经济创造了一个多元竞争、充满活力的环境，在加快市场机制的形成和完善等方面作出了历史性贡献。

可以说，非公有制经济组织已经成为我国国民经济最具活力的部分之一，它不仅对发展我国社会生产力，满足人民多样化需要，促进国民经济发展发挥着日益重要的作用，而且吸纳了大量社会闲散人员和国有企业下岗职工，为维护社会稳定作出了重要贡献。非公有制经济在满足人民多样化的需要、增加就业和促进国民经济的发展中起着积极的不可替代的作用。

当前，我国正处于改革的攻坚阶段、发展的关键时期，无论是深化国有企业改革，调整和优化经济结构，促进社会主义市场经济体制的形成，实行“两个根本性转变”，还是建立全方位、多渠道、多领域的就业体系，保持社会稳定，都需要非公有制经济的进一步发展。从发展前景看，由于中央政策明确，地方政府支持，市场经济体制逐步完善，人们思想观念更新，非公有制经济在一段时期内仍将快速增长，在我国社会发展中也将发挥出更大作用。

（三）非公有制经济组织对增强国民经济实力起着巨大作用

非公有制经济适应社会主义初级阶段生产力发展条件和进一步发展生产力的要求，它对国民经济的增长、财政收入的增加、社会事业的发展、社会稳定的增强等起到了十分重要的作用。可以说，

非公有制经济组织已成为推动我国国民经济发展强劲增长的重要力量。

改革开放以来，我国经济之所以能够保持 30 多年的高速增长，最主要的因素就是有非公有制经济组织的迅速发展，非公有制经济的平均增长率远远超过国有经济和集体经济的增长率，对 30 多年来我国的经济增长起到了很大的作用。据全国工商联提供的数据显示，2012 年非公企业利润总额达到 1.82 万亿元，从过去 5 年的平均数计算，平均增速达 21.6%，对基础设施的投入占比超 60%，非公有制经济组织对全国经济增长的贡献率已由改革开放初期不到 1% 增加到现在的 60% 以上。

非公有制经济组织的快速增长，已成为国家重要的税收来源。目前，非公有制经济组织企业的税收在国家总税收中已占到了 58% 以上。相对于一些国有企业长期亏损为国家造成巨大财政赤字的压力来说，非公有制经济组织更显示出其对国家经济的巨大贡献。

（四）非公有制经济组织为保障和改善民生作出了重要贡献

非公有制经济组织对保障和改善民生所作贡献的最突出表现，是为广大城乡劳动者提供了就业机会。解决民生问题的关键是要解决好就业问题，非公有制经济组织对解决城乡劳动者就业发挥着特殊的作用。长期以来，广大非公有制经济组织积极安排就业、吸纳下岗职工再就业、安置城乡富余劳动力，成为安排社会就业的主渠道。来自全国工商联的统计显示，目前，在非公有制经济组织中就业的人数已经达到约 1.5 亿人，而且每年还继续吸纳着 80% 以上的新增就业人员。新增就业岗位 90% 以上是由非公有制经济组织提供的。2011 年全国城镇新增就业达到 1221 万人，其中 80% 以上的城镇就业、90%以上的新增就业岗位都是由非公有制经济组织提供的。

非公有制经济组织对保障和改善民生所作的重要贡献，还主要表现在它们积极参与国家扶贫开发，特别是“光彩事业”“温暖工程”和社会公益慈善事业。非公有制经济组织在发展的同时，承担起更多的社会责任。不少非公有制经济组织都积极投身慈善事业，已成为全社会公益事业的积极参与者，为建设幸福和谐社会，捐款捐物，倾情奉献，令人称赞。据不完全统计，近五年来，广大非公有制经济组织捐款支持社会公益事业的款项达数百亿元。

（五）新社会组织是构建和谐社会有效的“减压阀”和“稳定器”

新社会组织不同于企业，是适应市场经济发展和公共管理模式变革的需要而设立的，具有非营利性和公益性，又不同于政府自上而下的行政体系和运作机制，具有自愿参与、中立自主和多样灵活等特点。因此它一方面能够弥补或纠正“市场失灵”，包括可以参与提供市场不能提供的公共物品（指在消费中具有不可分割性和非排他性的物品）；另一方面，可以弥补“政府失灵”，可以为需求较高的人群提供额外的公共物品，也可以为有特殊需求的人群提供特殊的公共物品，还有利于解决只由政府提供时的效率低、成本高等问题。因此在不少领域弥补了政府公共服务的不足。

新社会组织在我国的经济社会生活中发挥着重要作用，已经成为市场经济体系中不可或缺的力量。直接服务于民生的新社会组织大量涌现，是构建和谐社会有效的“减压阀”和“稳定器”，是社会公共服务体系的重要补充力量。近年来，新社会组织在抗灾救灾和重大活动中，累计募集款物超过1000亿元，动员社会志愿者突破

2000 万人次，成为推进公益慈善事业的引领者。新社会组织的发展还吸收了部分就业人员，舒缓了就业压力。据不完全统计，近年来全国新社会组织提供的就业岗位已经超过 1000 万个。新社会组织已经成为党和政府联系人民群众的桥梁和纽带。一个高度流动、复杂多变的现代社会，政府不可能包办一切。让社会组织适当承担公共服务功能，不仅是政府管理创新的体现，更是社会发展的必然要求。

当然，新社会组织的健康发展，各地还需要完善依法管理和监管机制。在推进新社会组织发展的同时，也提出新社会组织要把贯彻中共中央的路线方针政策、遵守章程和法律法规作为根本准则，把服务国家、服务社会、服务群众、服务会员作为根本宗旨，以诚信为立身之本，以自律为发展之道，把社会效益摆在首位，自觉接受党和政府以及人民群众的监督，正确处理好自身发展和政府扶持的关系。

二　做好非公有制经济组织和新社会组织党建工作是增强党的阶级基础、夯实党的执政基础的重要保证

建立和完善党的组织基础是新时期党建工作的主要任务，加强“两新”组织党的建设，对于增强党的阶级基础，加强和改进党的基层组织建设，扩大党的群众基础，具有重大意义。否则，我们党执政的地位和作用就会受到损害，甚至有可能削弱和淡化我们党的政治领导。

据中央组织部最新党内统计数据显示，截至 2013 年底，中国共产党党员总数为 8668.6 万名，党的基层组织总数达 430.4 万个。传

统领域基本实现党组织全覆盖，新兴领域党的覆盖面进一步扩大。其中，全国278.4个非公有制企业中，有162.7万个已建立党组织，占总数的58.4%，所占比例较上年增加4.1个百分点。全国27.5万个社会组织中，有11.5万个已建立党组织，占社会组织总数的41.9%，所占比例较上年增加6.8个百分点。

（一）加强“两新”组织党建工作是增强党的阶级基础的必然要求

马克思主义认为，政党是阶级的政治组织。中国共产党是工人阶级的先锋队，我们党从来不讳言自己的阶级属性。全心全意依靠工人阶级是我们党的一贯方针和政治优势。在工人阶级中建立和发展党组织是我们党坚定不移的组织路线，也是我们党作为一个无产阶级政党的本质属性的内在要求。随着改革开放的进一步深入，“两新”组织得到飞速发展，对整个社会经济发展的作用是不可估量的，它已成为我国社会主义市场经济的重要组成部分，“两新”组织中的职工在我国工人阶级队伍中已占多数，并呈稳定增长的趋势。“两新”组织从业人员同国有和集体企业职工一样，都是我国社会主义现代化建设的主力军，是推动先进生产力发展的基本力量，是我们党的重要阶级基础。

在“两新”组织中的从业人员，既是推动改革和发展的生力军，也是维护稳定、巩固政权的重要力量。这些组织中的从业人员，与先进生产力联系密切，在一定程度上引领社会文化的潮流，他们在社会上的影响力逐渐增大，把党的理论和路线方针政策贯彻到“两新”组织中去，把党的声音传递给广大“两新”组织职工，把他们团结在党的周围，有利于巩固和扩大党执政的群众基础。通过开展

和加强“两新”组织党建工作，可以促使党的力量深入到这些组织之中，加强同这些组织中广大人民群众的联系，引导他们树立正确的世界观、价值观和人生观，从而有利于扩大党执政的群众基础。对于党来说，只有进一步加强“两新”组织党员队伍建设，把这些组织中的员工队伍和新的社会阶层中的广大人员团结在党组织的周围，并把那些符合党员条件的优秀分子吸收到党内来，才能不断增强党的阶级基础，扩大党的群众基础，才能充分调动各方面的积极因素，更好地推动中国特色社会主义的伟大事业。

（二）加强“两新”组织党建工作是巩固党的执政基础的迫切需要

我们党是执政党，是中国特色社会主义事业的领导核心，党在执政过程中，需要不断扩大和巩固党的执政基础，而在“两新”组织中加强党建工作就是扩大和巩固党的执政基础的重要举措。作为执政党，党组织理所当然地要在“两新”组织中处于政治核心地位，发挥政治核心作用，这是中国共产党的性质所决定的。党的执政地位主要是通过对非公有制经济组织和新社会组织的领导来体现，党对“两新”组织的领导是通过党的路线、方针、政策来引导，通过国家制定的法律、法规来规范，同时也依靠“两新”组织的党组织的引导、监督。随着“两新”组织的快速发展，如何加强对这些组织中的党员的教育管理，就理应受到各级党委的高度重视。

“两新”组织在快速发展的同时，也面临着严峻的挑战，存在许多不容忽视的突出问题。比如，有些企业受利益驱动，违规经营、制假售假、偷税漏税、污染环境；有些企业忽视劳动安全保护和职工人文关怀，侵犯职工合法权益，导致劳资关系紧张，甚至酿成群

体性事件，影响社会和谐稳定；国际金融危机以来国际国内经济环境发生深刻复杂变化，受其影响一些企业特别是外向型企业经营管理困难。解决“两新”组织发展存在的突出矛盾和问题，这些组织中的党组织具有独特的优势和作用。事实已经证明党建强的组织，发展得也就好。因此，加强“两新”组织的党建工作，充分发挥党的政治优势和组织优势，维护职工合法权益，凝聚企业各方力量，引导和促进“两新”组织健康发展，是新形势下党建工作的重要任务。

（三）加强“两新”组织的党建工作有利于扩大党执政的组织基础

党的组织基础指的是党的基层组织，它是我们党实现其政治领导的物质武器，是我们党与广大人民群众血肉联系的桥梁和纽带，是我们党不断加强和改善自身建设的重要环节。

中国共产党作为建设中国特色社会主义事业的领导核心，必须要吸纳全社会忠诚于祖国和社会主义的优秀分子，把社会上各种各样的力量都想方设法凝聚、整合在一起，形成推进社会发展和进步的巨大动力。在新的历史条件下，各级党组织必须要清醒地认识到：来自工人、农民、知识分子、干部、军人的党员是党的队伍最基本的组成部分和骨干力量，同时也应该把承认党的纲领和章程、自觉为党的路线和纲领而奋斗、经过长期考验、符合党员条件的新的社会阶层中的优秀分子吸收到党内来。吸收这些优秀分子入党，有利于保持党的先进性。

“两新”组织的快速发展对加强党的领导和建设提出了新的要求。目前全国80%以上的城镇就业岗位、90%以上的新增就业岗位在“两新”组织，“两新”组织职工在我国工人阶级队伍中已占多

数。在非公有制经济组织和新社会组织领域增强党的阶级基础、扩大党的群众基础的任务日益重要而紧迫。全国“两新”组织中党组织和党员已达到相当规模。统计显示，2010 年底非公有制企业中共有党员 350 多万名、党组织近 30 万个，但与非公有制经济迅猛发展的形势相比，还有很大差距。据石国亮 2010 年调查数据，我国社会组织的全部职工 3329739 人中，共有党员 895750 人。因此，加强“两新”组织的党建工作已成为巩固和发展党的组织基础的重要任务。我们要根据“两新”组织迅速发展和从业人员不断增多的实际，及时调整基层党建工作的总体布局，把“两新”组织中的党建工作作为加强党的执政能力建设和先进性建设的重要内容来部署和安排，进一步建立健全“两新”组织中党的组织体系，密切党与“两新”组织广大职工群众的血肉联系，使“两新”组织的党组织在改革、发展、稳定等各方面工作中发挥积极作用，在遇到突发事件、面临各种政治风浪时也能显示出强大的战斗力，真正成为人民群众信任和拥护、认真贯彻党的方针政策的坚强战斗堡垒。

三　做好党建党务工作有利于促进非公有制经济组织和新社会组织的健康发展

在“两新”组织中开展党建工作，不仅对扩大党的群众基础，巩固党的执政地位具有重要意义，而且对“两新”组织的健康发展也十分有益。“两新”组织中的党组织是党联系党员和职工群众的桥梁和纽带，是党在“两新”组织的战斗堡垒，是职工群众的政治核心。做好“两新”组织的党建工作，对于这些组织的发展起到了十分重要的支持、促进作用。

（一）党建工作可以有效地推动“两新”组织经营活动的开展

“两新”组织中的党组织，作为党的基层组织，把关心、支持“两新”组织的经营管理作为重要职责，为它们排忧解难，促进它们持续、稳定、健康发展。党组织关心和支持“两新”组织中的经营活动主要表现在以下方面：

1. 围绕“两新”组织的经营管理活动开展党建活动

每当一项新的生产或科研任务提出来，党组织首先要在所属党员中进行宣传和动员，要求党员发挥模范带头作用，带动职工群众共同完成好经营管理的各项任务；当“两新”组织在政策咨询、资金融通、员工培训、市场供求信息、项目论证和审批、技术引进和开发等方面有求于党组织时，党组织总是尽可能地为它们提供服务；当经营过程中出现“急、难、险、重”的任务时，党组织总是要发动党员带头承担和完成；当“两新”组织发展遇到困难或者挫折时，党组织要做好职工群众的工作，鼓励他们与业主共渡难关；当“两新”组织发展形势比较好的时候，党组织要引导业主居安思危，努力保持企业稳定、健康的发展态势。

2. 党组织及党员积极为“两新”组织的决策提出建议

“两新”组织的党组织要关心和了解企业生存和发展的重大问题，积极提出意见和建议，促进“两新”组织的决策的科学化和民主化。在这方面非公有制企业党组织发挥作用与国有企业党组织有很大的不同。国有企业党组织的一个重要职责是参与企业重大问题的决策，“两新”组织由于资产私人所有的缘故，其党组织不能直接

参与决策，也无需对“两新”组织的资产负责，但可以围绕它们的经营管理，利用党组织的党员人才优势多提合理化的建议，多提供有用的决策信息，从各种可能利用的渠道间接地参与决策。党组织及党员，通过提合理化建议，通过集中群众智慧，通过调动从业人员主人翁积极性，通过收集、反馈各界对经营管理意见等方式，参与经营管理中的重大决策，从而为“两新”组织的发展起到推动作用。

3. 党员在“两新”组织经营中发挥先锋模范作用

党员以自己的先锋模范作用成为“两新”组织的骨干力量，为它们的发展勤奋工作，勇挑重担，开拓创新，成为“两新”组织得以发展的中流砥柱。在“两新”组织中，党组织围绕着经营管理这个中心任务开展工作，把党组织的战斗堡垒作用、党员的先锋模范作用，贯穿到经营管理的过程中，往往能极大地激发业主和职工的积极性和创造力，实现组织的跨越式发展。

（二）做好党建工作有利于“两新”组织健康发展

一般来说，“两新”组织追求利润最大化的愿望十分强烈。在过去一个相当长时期，许多业主往往把经营管理仅仅看作短期的谋生手段或发财致富的途径，对自身的地位和长远发展存在某种不稳定感，因此，较少重视经营行为的规范。“两新”组织的某些经营行为已成为自身继续发展的障碍，例如偷漏税行为十分严重，造成国家税源大量流失；不正当竞争行为严重损害社会主义市场经济秩序；通过权钱交易，侵蚀公有制经济的资产；一部分暴富起来的业主追求腐朽生活方式，进行挥霍炫耀性消费；等等。规范“两新”组织的经营管理行为，帮助其克服无序性、盲目性和运作目的的狭隘性，

不仅要强化立法和司法管理，还要在组织内部建立党组织，加强党对“两新”组织的监督和管理。党组织对“两新”组织的经营方向和经营活动可以产生巨大影响，要求其经营管理活动必须符合社会主义国家的需要，有利于社会主义社会生产力的发展，在价格、质量、信贷、产业发展方向、劳动工资、社会保障等方面，接受国家的管理和监督。

首先，党组织对“两新”组织起到宣传、引导作用。党组织通过宣传党和国家的方针、政策，引导“两新”组织的业主及从业人员遵守国家的有关法律、法规，依法经营，照章纳税，履行企业应承担的社会义务，保证党的路线、方针、政策在“两新”组织中的贯彻、执行。

其次，党组织努力发挥对“两新”组织监督、检查作用。内部监督、检查是“两新”组织自觉遵纪守法的有效措施。通过监督、检查，可以发现管理中的漏洞，及时加以弥补；可以督促“两新”组织建立自律公约，以内部规章形式加强自身约束；可以发现经营管理中的问题，有效地予以防止，从而使它们不犯错误、少犯错误。

第三，党员对“两新”组织的违法行为起到抵制、举报作用。作为党员，他们自觉遵守国家法律，勇于揭露和纠正工作中的缺点和错误，坚决同消极腐败现象作斗争，发现经营管理中的违法行为，应当予以揭露，并带领从业人员予以抵制或举报，以使“两新”组织的违法行为及时得到遏止，避免走上邪路。

（三）党组织善于协调“两新”组织内部各方面关系

“两新”组织情况复杂，业主及从业人员既有政治思想素质、文化素质等方面的参差不齐，又有利益的差别和矛盾，业主与从业人

员之间、从业人员与从业人员之间、企业与外界各方之间的矛盾是必然的。由于党组织在“两新”组织中所处的特殊位置，它不同于工会，不是只代表工人利益，因此，当这些组织中的劳资关系、资资关系、业主家族成员关系、劳劳关系、中方与外方关系等发生矛盾时，党组织出面调解，各方都比较容易接受。因此，党组织在处理和协调好各个利益主体的关系方面，有着其他组织和个人所无法替代的优势。党组织所代表的不是哪一方的利益，更不能只代表资产所有者和股东的利益，而应当代表国家、集体、企业经营管理者和广大工人的总体利益。即从整体、长远、根本的利益来考虑“两新”组织的发展，协调好各方的利益关系，在“两新”组织中起到一种利益整合、凝聚人心、共谋发展的作用。

（四）党组织能够为“两新”组织营造良好的外部环境

“两新”组织的健康发展，除了自身必须转变经营理念和发展方式，努力提高整体素质外，还需要党和政府提供相应的配套政策支持。业主为了维护自身的经济利益和协调各种社会关系，要求与党和政府建立起各种正式和非正式的联系渠道，并对关系到非公有制经济发展前途的政策问题施加影响。但是，由于市场竞争激烈，大多数业主忙于经营管理，无暇参与社会活动和政治活动，因此，需要一个能把“两新”组织业主的利益要求集中并反映给党和政府的组织。因此，党组织就可以担当此角色。“两新”组织中的党组织属于党的基层组织，它们在努力宣传、贯彻好党的路线、方针、政策的同时，还有责任向上级党组织汇报业主和职工的愿望和主张，使党的路线、方针、政策能更好地促进“两新”组织健康发展。通过党组织的努力，可以把“两新”组织业主的利益要求和政策主张纳

入党和政府的决策。可见，党组织成为了沟通党和政府与“两新”组织之间联系的重要桥梁。

党组织积极向上级党组织和有关部门反映业主的正确意见和正当要求，可以帮助“两新”组织解决政策法律许可范围和实际工作中的具体问题和困难，帮助协调它们与政府各职能部门之间的关系，比如与土地、水电、工商、税务、公安、环保、质监等部门的关系，以及与所在社区和周边群众的关系。一方面要求“两新”组织配合好有关部门和所在社区的工作，另一方面又要求各有关部门依法行政、依法办事，提高管理水平和服务质量，为“两新”组织发展创造有利环境。对于各种乱收费、乱摊派、乱罚款行为和吃、拿、卡、要行为，党组织可以以法律和政策为武器，并借助上级党组织的领导权威，支持业主坚决予以抵制，为“两新”组织发展撑腰壮胆。

第二章

非公有制经济组织和新社会组织中的党组织的功能与职责

“两新”组织的党组织建设，是“两新”组织党的建设中的基础工程。要做好“两新”组织的党建党务工作，首先需要明确“两新”组织中的党组织的功能地位；建立健全适应“两新”组织党建工作的领导体制与工作机制；同时，以改革创新的精神，不断加强和改进“两新”组织党建党务工作。不断加强“两新”组织的党组织的自身建设，不断增强“两新”组织的党组织的凝聚力和战斗力。

一　明确非公有制经济组织和新社会组织中的党组织的功能定位

加强“两新”组织党的建设，必须明确“两新”组织的党组织的功能定位，这直接关系党组织在“两新”组织中的地位，关系党组织在“两新”组织中发挥什么作用、能否有效发挥作用。“两新”组织中的党组织是党在这类组织中的战斗堡垒，在这类组织的职工群众中发挥政治核心作用，在这类组织发展中发挥政治引领作用。

（一）党组织是“两新”组织职工群众的政治核心

2012 年 3 月中共中央办公厅印发的《关于加强和改进非公有制企业党的建设工作的意见（试行）》（中办发 2012 第 11 号），对非公有制企业党组织的功能定位、健全党建工作领导体制和工作机制、推进党的组织和工作覆盖、壮大党务工作骨干力量、加强出资人教育引导、强化党建工作保障提出明确要求。这一《意见》被认为是非公有制企业党建迄今最权威的指导纲领，被称为非公党建“根本大法”。《意见》明确指出，非公有制企业党组织是党在企业中的战斗堡垒，在企业职工群众中发挥政治核心作用，在企业发展中发挥政治引领作用。这是根据我们党总结改革开放 30 多年来我国非公有制经济健康发展和“两新”组织党建工作实践经验得出的重要论断，凝聚了党内外包括非公有制经济代表人士的广泛共识。

1. 党组织作为职工群众政治核心的主要内容

所谓职工群众的政治核心，不是指党组织要包揽职工全部工作和生活中的事务，而是有其特定的涵义的。它主要包含以下五个方面的内容：

一是紧紧依靠上级党组织和群众组织的力量，运用法律武器和舆论工具，努力维护好职工群众的正当利益和合法权益，与侵害职工利益的违法行为作斗争。

二是把广大职工群众组织到工会中来，加强对工会组织的领导，支持、指导工会组织充分发挥好维权、教育、建设、参与的职能，增强职工的组织纪律性，提高职工群众的整体素质，建设“四有”职工队伍。

三是在职工群众中发现积极分子，加强对他们的教育，培养党的后备力量，吸收新党员，壮大党组织的力量。

四是充分调动职工群众的主动性、积极性和创造性，协调好职工群众与业主的关系，引导职工群众与业主一道致力于“两新”组织的发展。

五是依靠组织起来的职工群众的力量，监督和保证“两新”组织接受党的政治领导和国家的经济管理，做到依法经营，照章纳税，维护国家利益和社会利益。

这五个方面的内容概括起来，就是要求“两新”组织中的党组织必须要对职工发挥维权、教育、组织等三大基本作用。

2. 党组织发挥政治核心作用的必要性

党组织在“两新”组织中发挥职工群众的政治核心作用有其客观的必要性，其必要性主要有以下几方面：

（1）成为职工群众的政治核心，有利于促进“两新”组织的健康发展。党组织把维护好各方面合法权益、促进和谐企业建设作为工作的重点，把党建工作与企业发展的大局、与员工的利益紧紧地连在一起，做到目标同向、工作同力、发展同步，有利于“两新”组织沿着正确的方向健康、快速发展。

（2）成为职工群众的政治核心，有利于团结“两新”组织中的职工群众，维护职工群众的利益。努力维护好职工群众的正当利益和合法权益，与侵害职工利益的违法行为作斗争。把广大职工群众吸收到党组织周围来，建设“四有”职工队伍。

（3）成为职工群众的政治核心，有利于党在业主阶层中开展统战工作。党组织通过对业主阶层的帮助、教育、引导等工作，把业主阶层团结在爱国主义和社会主义的旗帜下，使业主阶层按中国特

色社会主义建设的要求健康成长。

3. 党组织发挥政治核心作用的方法

“两新”组织中的党组织发挥好政治核心作用，需要重点做好以下四个方面的工作：

第一，党组织要紧紧围绕“两新”组织的经营管理活动开展党的活动，保证党的路线、方针、政策在企业贯彻落实。经营管理是“两新”组织的中心任务，党组织如果不能围绕“两新”组织发展开展工作，就很难在组织中有地位、有作为，既无法取得出资人的理解和支持，也难以受到职工群众的欢迎。“两新”组织中的党组织要以促进“两新”组织健康发展为目标，把党的活动与经营活动有机融合，实现同频共振、互促共进。为此，党组织要积极宣传、坚决贯彻党的路线、方针、政策，引导和监督“两新”组织遵守国家法律法规，诚信经营、规范管理，自觉履行社会责任。要主动关心、认真参与关系企业科学发展、长远发展的重大问题的决策，积极提出意见和建议，支持帮助出资人和经营者把“两新”组织做强、做大、做优。

第二，“两新”组织中的党组织要切实维护职工群众合法权益，增强党组织对职工群众的凝聚力、向心力。“两新”组织中的党组织要结合企业实际，把维护职工群众合法权益尤其是职工生产安全和健康保护作为义不容辞的职责，领导工会等群众组织积极反映职工群众诉求，依法依规为职工群众争取合法权益和应得利益，真正成为职工群众的“娘家人”和主心骨。要积极协调各方利益关系，及时化解劳资纠纷，维护各方合法权益，构建和谐劳资关系，促进“两新”组织稳定。要加强和改进思想政治工作，注重对职工群众的人文关怀和心理疏导，帮助解决实际困难，真正成为广大职工群众

的贴心人。

第三，“两新”组织中的党组织要带领党员和职工群众创先争优，彰显党组织和党员的先进性。创先争优是发挥党组织战斗堡垒作用和党员先锋模范作用，推动“两新”组织健康发展的动力机制。“两新”组织中的党组织要围绕发展目标开展创先争优，通过“党员示范岗”“党员责任区”“承诺践诺评诺”等载体，激发党员的积极性和创造性。要坚持党群共建创先争优，带领工会、共青团等群众组织，组织动员职工群众开展劳动竞赛、技能比武、技术创新，帮助“两新”组织强筋壮骨、克服困难，增强市场竞争力。要加强对党员的教育管理服务，健全党内激励关怀帮扶机制，解决党员思想工作生活难题，增强党员的归属感和荣誉感。每个“两新”组织的党组织至少要建立一项务实管用的创先争优制度，使创先争优常态化、长效化。

第四，引领建设先进组织文化，培育积极向上的组织精神。先进的组织文化是组织核心竞争力的重要体现。“两新”组织文化建设滞后是目前制约“两新”组织健康发展的瓶颈之一。“两新”组织中的党组织要认真贯彻党的十八大精神，把党建工作与组织文化建设互通共融，引领“两新”组织建设符合中国特色社会主义核心价值体系的先进文化。要教育引导党员、职工和组织出资人，坚定中国特色社会主义共同理想信念，夯实团结奋斗的共同思想基础。要积极开展精神文明创建活动，丰富职工群众精神文化生活。要加强社会公德、职业道德教育和法治教育，促进诚信经营，抵制以次充好、见利忘义、损人利己等歪风邪气。要以学习型党组织建设带动学习型企业建设，提高职工群众综合素质，增强组织创新发展能力。

（二）“两新”组织中的党组织的基本职责

在“两新”组织中，党组织执行党章规定的基层组织的基本任务，在广大职工中发挥政治核心作用。其主要职责有如下几个方面：

1. 宣传贯彻党的路线、方针、政策，起到“宣传员”的作用

宣传贯彻党的路线、方针、政策，保证党的路线、方针、政策和国家法律法规在“两新”组织的贯彻执行，是“两新”组织的党组织的主要职责。这是保证党对“两新”组织政治领导的需要，也是确保“两新”组织的发展不偏离正确方向和科学发展轨道的内在要求。“两新”组织的党组织，作为党的基层组织，也是党的领导实现的基础，必须把党的路线、方针、政策的贯彻落实放在自己工作的首位，团结与组织“两新”组织的经营者、全体职工，努力贯彻落实党的路线、方针、政策。在具体工作中，既要强调学习宣传与教育引导的主导性、渗透性，又要注重实现政治引领和思想带动的服务性、灵活性。

2. 积极参与“两新”组织重大问题的决策，起到“参谋员”的作用

“两新”组织中的党组织的工作必须始终着眼于组织的改革与发展，服从和服务于整个经济社会发展的大局。支持“两新”组织业主依法进行经营活动，积极主动自觉地参与到“两新”组织改革发展重大问题的民主决策中去。积极寻求党的路线方针政策和国家法律法规与“两新”组织生产经营、管理服务的结合点，致力于“两新”组织党的建设的要求与“两新”组织发展目标的共同点，准确把握党员和员工对企业（组织）发展的意见、建议，并通过灵活有效的方式为“两新”组织的科学决策提供参考和依据。

3. 做好国家、组织与职工合法权益的协调保障工作，起到“调解员”的作用

“两新”组织财产私有的特性决定了组织与国家、组织与职工之间的矛盾较为敏感和突出。因此，“两新”组织中的党组织要在维护组织的稳定、保证组织经营管理正常运转中，做好国家、企业与职工合法权益的协调保障工作。“两新”组织的党组织要做到既维护国家和职工的合法利益，又维护业主的合法利益，特别要加强业主与职工的沟通，做好劳资矛盾的化解和协调工作，利用党组织在协调企业劳资关系方面所处的特殊位置，创造组织内部平等友爱、外部合作和谐的发展氛围，增强“两新”组织实现和谐发展的活力。

4. 加强职工的思想教育工作，起到政治“教导员”的作用

“两新”组织中的党组织要发挥善于做好职工的思想教育工作的长处，通过多种有效方式，加大思想教育和政治引领工作力度，不仅要引导业主和管理人员遵纪守法，还要教育职工认识到自己既受雇于“两新”组织同时又是社会主义国家的主人，使职工了解党的路线、方针、政策，了解国家的法律和法规，从而提高思想政治觉悟。同时，还要教育广大员工爱岗敬业，激发员工的工作热情和主动性、能动性、积极性与创造性，并采取有效措施提高员工的业务、文化素质，为“两新”组织的发展增强后劲与活力。

5. 努力建设社会主义核心价值体系，起到灵魂“净化员”的作用

在“两新”组织文化建设中，“两新”组织中的党组织要坚持“从实际出发，模式个性化”的重要原则，既要体现时代精神、民族精神的共性，又要体现自身的鲜明个性和独特风格；坚持“以我为主，为我所用”的基本经验，把继承和发扬中华民族优良传统作为

文化建设的出发点和立足点，把培育形成正确价值观和现代先进意识及高尚道德情操放在文化建设的首位；坚持“经济与社会效益双提高、组织与人的发展齐并进”的根本宗旨，重点发展“经营思想战略文化”“市场营销文化”“组织管理文化”；坚持“设计、塑造、展示良好形象”的显著特征，着力创造生动活泼、平等友爱的政治、工作、生活环境，提升“两新”组织社会形象；坚持“注重精神，以人为核心”的客观规律，通过先进文化核心价值体系建设，增强“两新”组织的聚合力和向心力。

6. 为改革发展聚人才带队伍，起到发展“保障员”的作用

“两新”组织中的党组织要把为其引好人才、用好人才和培养人才、留住人才作为发挥政治核心作用的主要工作任务，自觉围绕增强“两新”组织的自主创新能力和可持续发展能力，帮助“两新”组织制定人才培养使用长远规划和近期目标计划，从建立完善人才开发管理机制入手，以强化对党员、员工的教育培训和实践锻炼为主要措施，通过认真落实“素质提升计划”“高精尖人才引进行动”等能力建设措施，着力提高“两新”组织董事会班子、经营管理人才队伍和一线实用技能员工队伍的综合素质，不断优化人才队伍的能力结构，充分发挥各层次人才“各尽所能，才尽其用”的作用。

7. 加强党组织自身建设，起到“突击队员”的作用

按照不断增强“两新”组织中党组织凝聚力、战斗力和创造力的要求，“两新”组织中的党组织要积极争取业主和董事会的理解、支持与配合，搞好党的思想建设、组织建设、作风建设，抓好党员的教育、管理工作，努力提高党建工作的科学化水平，充分发挥党组织的战斗堡垒作用和党员的先锋模范作用。特殊的工作环境，要求党员必须充分发挥先锋模范作用。党组织应从实际出发，灵活多

样地开展党的活动，确保党组织在发挥团结凝聚职工、培养推荐人才、参与管理决策、维护和谐稳定、促进健康发展作用的过程中，不断增强政治影响力、思想向心力和工作推动力，促使党员在发挥先锋模范作用的过程中，成为思想依靠上的“主心骨”、工作落实上的“领头羊”、作风形象上的“导航标”。

（三）“两新”组织党建工作的基本任务

在新的历史时期，“两新”组织党建工作的基本任务主要有以下几个方面：

1. 建立健全党的组织，扩大党的组织和工作的覆盖面

“两新”组织的党组织是党在“两新”组织开展工作的组织依托和物质基础，建立健全“两新”组织中的党组织，是这些组织中开展党建工作的主体条件和基础任务。凡是符合《中国共产党章程》规定、具备建党条件的“两新”组织都要单独建立党组织，有党员但建党条件尚不成熟的，则要积极创造条件，通过依托社区、行业等多种渠道，建立联合党支部、临时党组织等多种组织形式，使党员能参加正常的组织生活；没有党员的，则要加强党的工作，通过选派党建工作联络员或政治指导员的方式，以及先行组建工会和共青团等方式，加大入党积极分子培养力度，做好发展党员工作，为建党创造条件。

2. 贯彻落实党的路线方针政策，促进“两新”组织健康发展

发挥“两新”组织中的党组织的政治引导和组织保证作用，确保党的路线方针政策在“两新”组织中得到贯彻落实，确保“两新”组织发展的正确方向，是“两新”组织党组织所承担的神圣职责。党组织要旗帜鲜明地向业主和广大职工宣传党的路线、方针、

政策和国家法律法规，让党的政策、国家法律深入人心；多渠道参与或影响“两新”组织重大问题决策，把党的政策和党组织的主张、意图渗透到“两新”组织的决策、监督、执行过程中；加强对组织业主的教育引导，帮助其树立正确的世界观、价值观、义利观和法制观，自觉把“两新”组织的发展与国家兴衰、共同富裕、社会道德结合起来，做到爱党爱国、诚信守法、敬业奉献。

3. 密切党群关系，巩固和扩大党的执政基础

抓紧在“两新”组织中开展党的工作，加强党的建设，是加强党同“两新”组织广大职工群众的联系，巩固党在新形势下执政的阶级基础、群众基础的需要，这也正是“两新”组织党建工作的根本任务。围绕这一根本任务，“两新”组织党建工作必须加强职工群众、组织业主、中共党员和青年人才这四支队伍的建设。

4. 发挥主导作用，加强“两新”组织文化建设

“两新”组织处于各种信仰、思潮相互影响、相互碰撞的“交汇点”，职工的思想观念和价值取向日益多样化、复杂化。党组织要坚持在组织文化建设中发挥主导作用，搞好把关定向，用健康向上的组织文化占领职工群众的思想阵地，注重发挥组织文化在凝聚职工思想、打造团队精神、培养职工的社会责任意识等方面的作用，提高组织的核心竞争力和社会影响力，塑造“两新”组织良好形象。

5. 探索规律和特点，不断提高“两新”组织党建工作水平

要充分认识加强“两新”组织党的建设这一特定领域的重要性、长期性和艰巨性，坚持“围绕经济抓党建，抓好党建促发展”的指导思想，积极探索和把握“两新”组织党建工作的规律和特点，不断提高“两新”组织党建工作的水平。为此，要加强宣传引导，进一步优化“两新”组织党建工作的舆论环境；不断改进党组织的工

作方法和活动方式，增强党的工作的有效性；完善领导体制和运行机制，推进“两新”组织党建工作的正常化、制度化、规范化。

二　求实创新，扎实推进非公有制经济组织和新社会组织党的建设工作

当前和今后一个时期，加强和改进“两新”组织党建工作的总体要求是：坚持以邓小平理论和“三个代表”重要思想为指导，深入贯彻落实科学发展观，按照《党章》规定和党的十八大报告的要求，进一步扩大组织覆盖、壮大党员队伍，选优配强党组织书记，建立健全“两新”组织党建工作领导体制和工作机制，加大经费投入和阵地建设力度，广泛开展“双强六好”党组织创建活动，积极探索党组织发挥政治核心作用和政治引领作用的有效途径与方法，促进“两新”组织健康发展，使“两新”组织的党组织真正成为党在组织中的坚强战斗堡垒。

党的建设特别是党的基层组织建设，要在扎实工作、务求实效的同时，要使党的建设体现时代性、把握规律性，党建工作要适应时代发展的要求，以不断改革创新来实现党的建设科学化。

（一）切实加强各级党组织对“两新”组织党建工作的领导

1. 加强对“两新”组织党建工作的领导、指导和管理

各级党组织要把“两新”组织的党建工作切实列入党委议事日程，着力研究和解决“两新”组织的党组织建设的重大理论和实践

问题，促进“两新”组织的健康发展。要明确和落实领导和部门责任制度，明确地方党委书记是第一责任人制度，完善领导干部联系“两新”组织的制度，建立健全党建领导小组制度或联席会议制度，切实形成主要领导亲自抓，分管领导专门抓，相关领导和部门共同抓，一级抓一级，层层抓落实的责任体系。要进一步建立和健全领导和部门责任考评制度，健全目标责任制和考核责任制，完善检查考核机制，坚持把加强“两新”组织党建工作，作为检验领导班子和领导干部工作实绩的重要方面。要切实解决部分“两新”组织的党组织缺少活动经费或无活动场所等实际问题，为其开展创先争优活动、更好地发挥作用创造良好条件。

在党委领导和组织部门指导下，要自上而下设立专门机构党工委（社工委），建立专门工作队伍，形成经常工作机制，加强重要问题研究、统筹工作部署、实行统一组织管理。党工委（社工委）的建立完善必须着眼理顺“两新”组织的党组织隶属关系，增强管理的针对性和有效性，按照地区不同、行业不同、规模不同，坚持统一管理、行业指导和分级负责。统一管理，就是本地区“两新”组织的党工委在地方党委领导下，在上级党工委和本地党委组织部门指导下，对本地区“两新”组织的党组织进行管理，具体负责本地区“两新”组织的党建工作；行业指导，就是与“两新”组织联系紧密的行业管理部门和单位参加本地党工委，对本行业“两新”组织的党组织归口管理，发挥指导作用；分级负责，就是根据“两新”组织规模大小和党组织发展状况，对“两新”组织的党组织实行省、市、县、乡镇（街道）和社区党工委分级管理。在工作实践中，一些党组织隶属关系不顺的，要积极与有关方面沟通协调，及时理顺。

2. 创新党组织活动方式，用党的组织优势推动“两新”组织的健康发展

要指导“两新”组织的党组织紧紧围绕经营管理，认真履行党章规定的职责任务，保证、监督党的路线、方针、政策和国家的法律法规在“两新”组织的贯彻执行，充分发挥推动发展、服务群众、凝聚人心、促进和谐的作用。“两新”组织中的党组织要根据经营活动的特点，找准党建工作的科学定位，建立与管理层定期沟通、平等协商、相互支持的双向互动机制。可以采取“党组织和董事会联合学习”“党组织与董事会双向例会”“党组织负责人列席管理层会议”等方法，积极为“两新”组织发展当好决策参谋；可以通过大力加强思想政治工作，建设先进组织文化，增强组织的向心力和凝聚力，增强组织的社会责任感。积极创新党组织的活动方式，广泛开展创建领导班子好、党员队伍好、工作机制好、工作业绩好、群众反映好“五好”党组织活动，增强党建工作服务经营管理的效果。加强党组织活动场所建设，多渠道解决党组织活动经费，推广一些地方从企业税前管理费中列支党组织活动经费的做法，努力为“两新”组织的党组织开展活动提供必要条件。

3. 找准企业经济与党建工作的结合点，使“两新”组织的党建工作赢得企业主的支持

在“两新”组织开展党建工作遇到的最大、最普遍的问题是这些组织对党建工作冷漠甚至心存疑虑，怕党建工作影响经营管理。要解决这一问题，就必须确立围绕经济建设开展党建工作的思路，从“围绕党建而抓党建”的自我循环，转变为“围绕经济抓党建，抓好党建促经济”的大循环，着力点放在支持和促进“两新”组织的经营发展上来，多开展有利于经营管理的活动，寓党建工作于经

营管理中，使业主切实感觉到党建工作的好处，从而自觉地接受并支持党在企业的党建工作。

4. 深入开展创建和谐组织活动，努力使“两新”组织党建工作让职工群众满意

全心全意依靠工人阶级是我们党的根本方针。在革命、建设、改革的各个时期，我们党始终同工人阶级血肉相连、命运与共，从而不断发展壮大。加强“两新”组织党建工作，也必须始终坚持这一根本方针。要大力发扬民主，推进党务公开，以党务公开保障党员对党内事务、职工群众对企业经营管理的知情权、参与权、选择权、监督权，充分调动党员和职工群众的积极性、主动性、创造性。要广泛开展党员联系和服务职工群众活动，帮助职工群众提高思想道德素质和技术技能水平，解决他们学习、工作、生活中的实际问题。要建立健全科学有效的利益协调机制、诉求表达机制、矛盾调处机制和权益保障机制，让职工群众共建、共享改革发展的成果。

5. 转变观念，在“两新”组织党建中营造良好的党建工作氛围

加强“两新”组织党建工作要在转变观念、营造良好的社会氛围环境上下功夫。一方面，要把“两新”组织的党建工作提高到与农村、社区和机关党建工作同等重要的位置，制订切实可行的措施，扎实有效地推进。另一方面，要以服务为切入点，全面提升党组织对“两新”组织党建工作的促进、支持和保障作用，增进“两新”组织的业主对党建工作的政治认同、感情认同、思想认同。特别是要加大对“两新”组织的帮扶服务力度，与“两新”组织共渡难关、克难求进，在战胜各种困难中彰显党组织的重要作用。

6. 创新支撑体系，在强化“两新”组织党建保障上求突破

在“两新”组织中开展党建工作，离不开人力、物力、财力支

撑。要强化人力资源支撑，通过内选、委派、外聘等多种方式，把一批党性观念强、懂经营会管理、善于做群众工作的复合型人才选拔到党组织书记岗位上来。要强化阵地支撑，在“两新”组织比较集中的地方，探索实施以乡镇、街道、“两新”组织集中区为主体，以市场化运作的方式创建行业性和区域性党员服务中心（活动中心），把有限的资金集中使用，实行资源共享和最大化利用。同时，要积极开展城乡基层党组织互帮互助活动，推进“两新”组织党建工作与农村、机关、社区党建活动资源融合和衔接，使之相互促进、相得益彰。要强化经费支撑，建立“两新”组织党建工作专项基金，使“两新”组织党建工作有经济支持。

7. 有所作为，以实实在在的工作业绩拓展党组织的生存发展空间

做好“两新”组织党建工作，各级党委的高度重视和业主的大力支持是前提，“两新”组织健康发展离不开地方各级党组织的政治优势和组织优势，更离不开业主的理解和支持。实践证明，有作为才能有位置。“两新”组织中的党组织一定要有所作为，只有为“两新”组织的发展做出自己的应有贡献，只有在急难险重关键时刻发挥出党组织拉得出、上得来、顶得住、拿得下的关键作用，才能赢得业主的信任与支持，才能有地位，也才能不断增强党组织的凝聚力和战斗力。

8. 加强自身建设，有效发挥“两新”组织的党组织的作用

努力增强“两新”组织的党组织的生机活力，充分发挥党组织的功能作用，是加强“两新”组织党建工作的根本所在。

一是要明确职责。把促进非公有制经济健康发展和非公有制经济人士健康成长，作为党建工作的重要出发点和落脚点，围绕贯彻党的方针政策、引导和监督遵守国家法律法规、团结凝聚职工群众、维护各方合法权益、促进科学发展等方面充分发挥引领和模范带头作用。

二是要准确定位。“两新”组织的党组织要正确处理与上级党组织的关系，坚决执行上级党组织的决策和部署，真正成为党在“两新”组织的坚强堡垒，正确处理党组织与企业董事会、经理、监事会的关系；正确处理党组织与工会、共青团等群众组织的关系，探索和完善党组织团结带领职工群众为“两新”组织发展服务的工作渠道。

三是要创新载体。按照务实、简便、易行、有效的原则，找准党建工作与“两新”组织发展的结合点，创新党组织发挥作用的活动载体和方式，积极开展“讲奉献、比贡献、促发展”等创先争优活动，开展“我为发展献一计”、征集发展“金点子”等建言献策活动，开展“党员先锋岗”“党员示范岗”“党员责任区”等党员形象示范活动，为“两新”组织的发展凝心聚力，为党的形象增光添彩，努力把党的组织活力转化为发展动力。

四是要健全制度。完善组织制度，健全组织生活，建立健全党支部工作制度、“三会一课”制度、党员活动日制度、民主评议党员制度等，进一步规范“两新”组织的党组织的工作，提高党建工作的制度化、规范化水平。

（二）建立健全“两新”组织党建工作领导体制和工作机制

1. 统筹组织资源，为“两新”组织党建工作服务

加强“两新”组织党建工作，既要组织协调好组织部门自身的资源，又要注意整合组织部门以外的资源，充分发挥统战、工商、税务、工会、共青团、工商联等部门和单位的职能优势，努力营造社会各界关心、支持、参与“两新”组织党建工作的浓厚氛围。要

建立并落实地方党委特别是县（市、区）委和有关部门党组（党委）抓“两新”组织党建工作责任制，健全党委统一领导、组织部门牵头负责、有关部门和单位参加的“两新”组织党建工作联席会议制度，形成上下联动、左右协调、相互支持、齐抓共管“两新”组织党建工作的领导体制。要充分发挥党员领导干部带头抓“两新”组织党建工作的关键作用，建立党员领导干部“两新”组织党建工作联系点，并把联系点建成党建工作示范点。加强“两新”组织党建工作与农村、街道社区党建工作有机衔接，充分发挥城乡基层党组织互帮互助的作用，形成互促共建的发展局面。要建立健全“两新”组织党组织负责人保障激励机制，鼓励他们放手开展工作，解除他们的后顾之忧。

2. 创新运作机制，在增强“两新”组织党建合力上求突破

从“两新”组织的特点出发，建立容易操作、规范有序、注重实效的运作机制，为党组织服务“两新”组织发展提供保障。要进一步建立健全“两新”组织党建工作领导体制，保证有专门机构、有专人抓、有专人管。要创新工作合力机制，建立和完善“两新”组织党建工作联席会议制度，健全工作网络，形成相互配合、各负其责、齐抓共管的“两新”组织党建工作格局。要完善党群联动机制，强化联系沟通机制，为“两新”组织党组织开展工作创造条件、提供信息。要健全示范引领机制，加大“两新”组织党建工作示范点建设，定期召开“两新”组织党建工作现场会、研讨会，搭建“两新”组织的党建工作沟通、交流与学习的平台，积极宣传和推广党建典型，以点带面，示范引导，推动“两新”组织党建工作整体水平的提高。

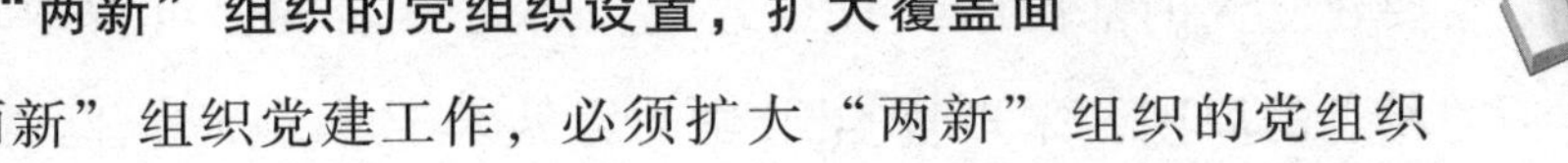

3. 优化“两新”组织的党组织设置，扩大覆盖面

加强“两新”组织党建工作，必须扩大“两新”组织的党组织覆盖面。主要应把握以下四个方面：

（1）优化整体布局，使“两新”组织的党组织总体布局更加科学合理。要继续巩固和扩大规模以上“两新”组织组建党组织工作成果，力争使每个规模以上“两新”组织都能单独建立党组织。着眼实现“两新”组织的党组织和党的工作全覆盖，根据地区和“两新”组织规模的不同，进行统筹规划、整体部署，使“两新”组织的党组织的总体布局更加科学合理。

（2）创新组织组建方式，在扩大“两新”组织党建覆盖面上求突破。建立党组织是开展“两新”组织党建工作的重点，要针对“两新”组织不同地域、不同行业和不同类型的不同特点，在加强“两新”组织党建工作上注重方法创新，切实找准党建工作与“两新”组织发展的有机结合点。要在巩固已有组建成果的基础上进一步创新组建模式，加大“两新”组织的党组织组建工作力度，根据“两新”组织党员数量和流动情况，做到“体内”与“体外”并举，将“属地”“属条”“属资”“属业”相结合，依托“两新”组织比较集中的开发区、工业区、商贸区和村，以区域为单位组建党组织，可以采取单独组建、联合组建、挂靠组建、村厂联建等多种形式灵活设置党组织，提高党组织的组建率，扩大覆盖面。

（3）要下大力气抓好规模以下“两新”组织建立党组织工作。根据规模以下“两新”组织数量大、人员少、分布广、变化快的特点，在坚持以“支部建在厂内”为主要方式的同时，积极探索片区联合组建的方式，不断扩大党组织的覆盖面。

在规模以下的“两新”组织中，凡有三名以上正式党员的，都

要建立党的基层组织；正式党员不足三名的，可按地域相邻、行业相近的原则，采取联合组建的方式建立党组织，也可依托工商联、个体劳动者协会、私营企业协会、行业协会或产业链龙头企业等建立党组织。对暂时没有党员或尚不具备单独建立党组织条件的“两新”组织，可通过上级党组织选派党建工作指导员等形式，为建立党组织创造条件。要认真总结各地经验，对单独建、联合建、依托建、挂靠建等在实践中继续进行探索总结，尤其是对市场党组织、项目党组织、产业链党组织、楼宇党组织、园区党组织、科研创新团队党组织等类型进一步规范，并运用多种形式宣传推广，发挥示范作用。

（4）选好配强“两新”组织的党组织负责人。注重把党性强、懂经营、会管理、善于做职工群众工作的经营管理骨干和专业技术人才中的党员，选拔到党组织负责人岗位上来。对暂时没有合适党组织负责人人选的，经与企业协商后，可由上级党组织推荐或选派。领导班子主要成员出缺的，要抓紧配齐。对不胜任工作的党组织负责人要及时调整。另外，要通过多种方式和渠道，引导组织主要出资人增强党建工作的认同感，调动其支持党建工作的积极性。

4. 以制度建设推进党建与“两新”组织共同发展

按照党的十八大精神要求，“两新”组织党建工作要落到实处，抓出成效，就必须坚持与时俱进，求实创新，积极加强党的组织制度建设，形成党建工作与“两新”组织的发展共生共荣的理想局面。

（1）推行任职交叉制，发挥党组织的核心作用。党组织与管理层实行任职交叉制，可从源头上解决党组织在“两新”组织发展中的地位问题。党组织的核心作用更多地体现为加快发展的凝聚力、技术创新的驱动力和职工权利的维护力。实行任职交叉制，既能保证“两新”组织经营决策层与党组织的相对独立性，又能保证党组织参与经营决策等重大事项的有效性，从而形成“参与不干预、建议不定论、把关不包办”的“两新”组织的党组织发挥核心作用的新模式。

（2）推行流动挂靠制，强化“两新”组织党员队伍管理。“两新”组织的党组织要针对党员流动性较大的情况，适时推出党员流动挂靠制。具体的方法是：按区域重新设置党支部，外出党员流入到哪个支部的区域，就近参加相应支部的活动，流动党员由党总支及时与对点支部取得联系，使流动党员关系流进、流出不断线，始终处于有效的动态管理之中，从而真正达到党建工作落实在产业链上的新要求。

（3）推行岗位示范制，激发“两新”组织党员先锋意识。在“两新”组织中，经济效益的最大化是经营者追求的主要目标。职工的劳动报酬与他们的劳动表现，以及所创造的经济效益具有比较直接的联系。经济刺激往往成为“两新”组织经营者常用的管理手段。这种纯物质的管理手段存在一定的局限性，如果使用不当，就很容易引发劳资双方矛盾的激化。“两新”组织的党组织开展党建工作，激发党员的先锋意识，发挥其示范作用，正契合了劳资双方实现双赢的要求。党组织在党员中推行岗位示范制，要求所有党员都挂牌上岗，根据岗位特点，提出示范要求，影响并带动广大职工群众正确处理各种利益关系，凝心聚力为“两新”组织的发展作贡献。推行岗位示范制，既让“两新”组织经营者体会到党员队伍的力量，让广大职工学有榜样、干有依靠，为“两新”组织的健康和谐发展注入活力，又能增强广大党员的责任感、荣誉感，塑造团结拼搏、

奋勇争先的新形象。

(4) 推行活动分散制，拓展党组织活动新空间。“两新”组织的职工劳动强度大，每天的工作时间比较长。要让职工中的党员脱产集中学习，显然是不现实的。为此，可以缩小支部活动单元，着重解决支部活动难开展的问题，把支部活动下放到党小组进行。除召开党员大会、民主评议党员等重要活动需要相对集中之外，党内其他活动均以党小组为单位分散进行。党组织应充分发挥党小组的作用，支部活动化整为零，通过经常性的小组会、个别谈心、结对联系、党员责任区等形式，使分散的党员时时得到党组织的教育与培养，从而紧密地团结在党支部周围，为“两新”组织的快速发展建功立业。

(5) 推行学习跟踪制，提升党员理论武装效果。“两新”组织党员的政治理论学习从时间上、精力上很难有保证。为此，可采取年终年初集中强化、平时主要以自学为主的方法，不断加强“两新”组织党员的理论武装。一要定期将精选的政治学习材料寄到每位党员手中，发动党员结合思想实际、工作实际、组织发展实际开展自学。二要建立严密的督学措施，每位党员每季度必须完成一篇思想汇报，每半年完成一篇学习心得体会。要将党员的思想汇报、心得体会汇编成册，定期检查考核。三要主办党建内部资料，指导学习方法、推广学习经验、刊载学习体会、点评学习效果。应采取“点对点”式的学习跟踪措施，提高党员的思想素质，增强推进组织跨越式发展的新本领。

5. 建设一支高素质的党员队伍，充分发挥党员的先锋模范作用

党员队伍是“两新”组织党建工作的主体和基础。在“两新”组织中，要努力建设一支高素质的党员队伍。

一是要努力壮大“两新”组织中的党员队伍。要按照党章要求，本着积极、慎重、稳妥的原则，把握党员标准和发展程序，做好发展党员工作。要重点发展政治素质好、懂经营、会管理的优秀青年，发展经营管理骨干、技术骨干。要注意在无党员组织，特别是经营管理比较稳定、职工人数较多、尚未建立党组织的组织中发展党员。

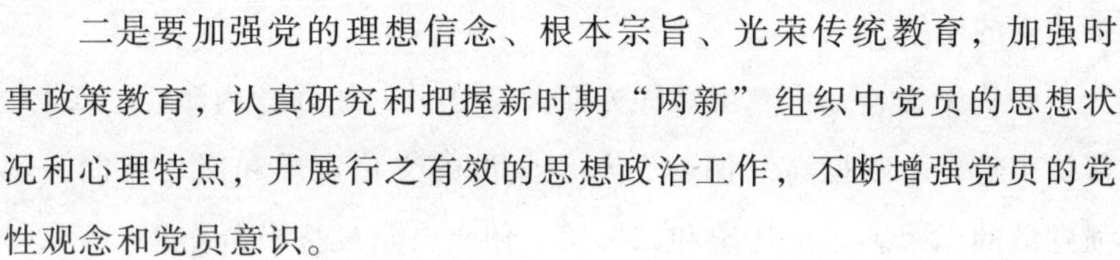

二是要加强党的理想信念、根本宗旨、光荣传统教育，加强时事政策教育，认真研究和把握新时期“两新”组织中党员的思想状况和心理特点，开展行之有效的思想政治工作，不断增强党员的党性观念和党员意识。

三是要尊重党员主体地位，保障党员的权利。尊重党员主体地位是党中央提出的一个重大命题。这一命题深刻体现了我们党的根本性质和根本组织原则，深入反映了以人为本的核心理念，深刻阐明了发展党内民主的根本要求。落实党员主体地位，关键是要大力发展党内民主，保障党员平等参与和共同管理党内事务的各项权利，保持党员队伍的生机活力。要创新“两新”组织的党组织负责人的产生办法，落实党员的选举权和被选举权，推广“两新”组织的党组织领导班子成员由党员和群众公开推荐与上级党组织推荐相结合的办法，逐步扩大党组织领导班子直接选举范围，提高党组织负责人在职工群众中的公信度。

四是要严格党内组织生活，坚持民主评议党员，表彰优秀党员，及时处置不合格党员。重点要加强流动党员科学管理，继续探索“流动党员”过双重组织生活的方式方法，真正做到离岗不离党、流动不流失，使流动党员无论走到哪里，都能接受党的教育管理。

五是要充分发挥党员的先锋模范作用。深入开展“党员责任区”“党员先锋岗”“党员承诺制”等活动，加强对党员的理想信念教育

和科技知识、业务技能培训，努力使党员做到党的路线、方针、政策先学习、先进科技和管理知识先掌握、经营管理任务先完成，使党员成为牢记宗旨、心系群众的先进分子。切实关心爱护党员，建立党内激励、关怀、帮扶机制，使党的意识融入党员的感情和血液之中，激发党员保持先进性的内在动力，始终与党同心同德，自觉维护党的团结统一。

要从思想、工作、生活等方面关心党员，加强党内激励、关怀、帮扶工作，不断提高“两新”组织党员的文化素质和岗位技能，增强党员的光荣感、责任感和归属感，使之自觉发挥模范作用。

第三章

非公有制经济组织和新社会组织中的党组织的组建设置

党章规定，有正式党员三人以上的企业、社会组织就要成立党的基层组织。当前，非公有制经济已经在国民经济中占据了“半壁江山”，“两新”组织的党组织设置也不断健全、党建党务工作也日趋规范。党的十八大对基层党组织建设提出了明确要求，加强“两新”组织的党建工作具有了新的活力。然而扩大“两新”组织中党组织和工作的覆盖面也不能过急过粗，要按照党的组织工作的原则、职责与总体要求逐步推进。

一　制约非公有制经济组织和新社会组织党建工作的主要因素及其解决思路

（一）制约“两新”组织党建工作的主要因素

加强“两新”组织的党建工作，首要任务是扩大党组织覆盖面。没有党员，就无法建立党的组织；没有党的组织，党的工作就没有

经常性依托。当前，“两新”组织不同程度地存在党组织和党的工作覆盖率低，党组织组建难和党组织、党员发挥作用难的“两难”问题。特别是中小组织大多数没有党组织。因此，加强“两新”组织党建工作，是顺应非公有制经济迅猛发展，整体提升“两新”组织党建水平，不断夯实党的执政基础的现实需要。

影响制约“两新”组织的党建工作的因素很多，既有外部环境因素，也有内部制约因素；既有党组织的问题，也有党员本身的问题；既有思想观念的影响，也有体制机制的影响。具体来说，主要存在以下四方面的制约因素：

1. 经营管理规模较小、稳定性较差

“两新”组织大多自主创新能力相对较弱，容易受到外部环境的影响，抵御市场风险的能力不强。非公有制企业产品质量、管理水平、信用状况、政策导向等因素，都可能给自身经营管理带来不稳定，甚至导致倒闭、破产。“两新”组织党建是依托“两新”组织而存在的，没有组织这个载体党建工作也就无从谈起。在市场竞争中，组织致力于解决的首要问题是企业的生存和发展，这就导致组织专注于经营管理而无暇顾及党建工作。由于规模以下“两新”组织具有低、小、散的特点，对传统的党建工作方式带来了新的挑战，增加了党建工作的难度。

2. 业主对开展党建工作缺乏足够的重视

业主对党建工作的认同和支持，是“两新”组织开展党建工作的重要前提。“两新”组织以家族企业居多，其中，有相当一部分业主只看重眼前的经济利益，缺乏战略眼光，对开展党建工作认识还不到位。他们的主要顾虑是：企业本身比较小，员工人数少，开展党建工作会增加经营管理成本，占用职工精力和时间，影响企业生产秩序；担心党组织干预企业的经营决策；怕带来不必要的麻烦，多一事不如少一事。这些思想顾虑，使得业主对在企业中建立党组织和开展党建工作缺乏认同和支持，制约了“两新”组织的党组织覆盖和工作覆盖。

3. 从业人员中党员人数较少，流动性大

一方面，“两新”组织从业人员普遍较少，党员更少，使得这些组织达不到单独建支部或联合建支部的条件。有的职工党员特别是农民工党员不愿亮明身份，不愿意把组织关系迁到“两新”组织，从而影响了这些组织的党组织的组建率。同时，受职工数量、素质等条件限制，无法正常培养和发展入党积极分子，发展党员工作难以开展。另一方面，“两新”组织多属劳动密集型或家庭作坊式，用工随意性大，员工流动频繁；职工养老、工伤、医疗等社会保障还不够完善，职工缺少安全感和归属感。党建工作的主体是党员，离开党员党建工作就无从谈起。党员的频繁流动，对巩固党组织组建成果提出了更高要求。此外，“两新”组织中的党员的生存压力大，有些党员存在“临时观念”“雇佣思想”，党员意识淡薄，影响了党建工作的开展。

4. 上级党组织对“两新”组织的党组织工作缺乏充分的重视

一方面，“两新”组织是党的建设的新领域，上级党组织在开展新领域党建工作时，有一个逐步发展深入的过程。另一方面，“两新”组织的各类资源优先用于保障组织经营管理，容易忽视对组织党建工作的保障。一些已建立的党组织面临着开展活动经费不足、阵地缺乏、工学矛盾突出等问题，党的活动不能正常开展。而上级党组织又不能对上述问题的解决给予及时、有力的支持和帮助，这在一定程度上影响了未建党组织的“两新”组织开展党建工作的积

极性。

（二）加强和改进“两新”组织党建工作的基本思路

克服和清除“两新”线织党建工作中的制约因素，进一步加强和改进“两新”组织党的建设工作，当前必须正确处理好以下几个关系：

1. 正确处理好“党务”与“经营”的关系

积极推进“两新”组织基层党组织设置，有效开展党组织建设工作，一定要调整好党务与经营两者之间的良性互动。如果两者的设置调整在一定时期内不能协调一致，势必给党组织的工作带来一定的难度，对基层全局工作产生不利影响。因此，调整党组织设置方式，特别是采用跨地域、跨行业联合建立党组织的形式时，就必须树立系统观念，同步考虑“两新”组织经营发展的实际问题，力求做到互相衔接，良性互动。所以，在现实条件下，取得“两新”组织的大力支持应与党组织设置方式的调整同步实施，争取一步到位。反之，在不具备条件或条件不成熟的情况下，要顺应其发展或创造条件，在条件具备或成熟的前提下组建党组织，不能急于求成。

2. 正确处理好“创新”与“守规”的关系

在“两新”组织中设置党的基层组织，也要强化制度观念，在勇于创新的同时，也要严格履行审批手续，理顺隶属关系。基层党组织设置方式与调整，既要从党务工作与“两新”组织发展的实际需要出发，在条件成熟时及时推进，又要严格按照党章的规定办事，履行相应的审批手续。必须在深入调研的基础上进行综合分析，慎重选择设置与调整方案，报请上级党组织批准，明确隶属关系。

3. 正确处理好“服务”与“管理”的关系

随着和谐社会建设的不断推进，“两新”组织的蓬勃发展，已经逐步形成了多样化的基层组织格局。我们要以党的基层组织建设带动其他各类基层组织建设，活跃基层、打牢基础。要实现这一目标，基层党组织必须拓展领域、增强功能，适应群众工作新特点新要求，代表、维护、协调、实现好各方面群众的切身利益。在处理“两新”组织的关系时就要把握好“服务”与“管理”、“活力”与“秩序”的关系，做到在服务中引领、在发展中管理；既激发基层组织的活力，又实现和谐有序发展。在“两新”组织的经营活动中，充分发挥“两新”组织中党组织协调利益、化解矛盾、规范服务的功能。探索党内民主带动人民民主的机制，建立规范的“两新”组织党员和群众民主议事、咨询、沟通、协商制度，推动“两新”组织基层党组织领导下的充满活力的民主氛围的形成。

4. 正确处理好“发展”与“稳定”的关系

在“两新”组织设立基层党组织，要做到与时俱进。要从动态上把握党组织设置方式调整的时机，既不落后于基层形势发展的要求，又不超越于形势发展的要求，既不能盲目推进或朝令夕改，又不能一成不变或一劳永逸。在市场经济发展的不同阶段，会对基层党组织的设置提出相应的新要求。党组织设置方式的调整应随着市场经济和“两新”组织的发展，因势利导，及时推进。对于组织设置工作中遇到的新情况、新问题要深入调研，超前思考，合理谋划，认真解决，增强基层党组织设置的科学性。在具体工作中，要特别注意防止和克服一哄而起，盲目攀比，草率从事，脱离实际，将基层党组织随意设置、调整或升格。要正确把握好“两新”组织经营发展与党建工作有机统一的关系，努力探寻党组织设置与“两新”

组织发展同步的最佳结合点。

二　非公有制经济组织和新社会组织合理设置党组织的模式

在“两新”组织中建立党的基层组织，要坚持“两新”组织发展与党的组织建设同步考虑、同步规划、同步推进，因地制宜、因企制宜。要成熟一个，组建一个；组建一个，巩固一个。本着“积极、坚决、稳妥、灵活”的原则，合理设置党组织。

（一）“两新”组织组建党组织的六种模式

“两新”组织类型多种多样，有的是国有集体改制的，有的是随着时代的发展应运而生的，有的业主是党员，有的则不是，企业规模大小、运作机制各不相同，这也必然对基层党组织的设置和管理提出了新的要求。总结实践经验，适应实际情况，“两新”组织组建党组织的模式应该多样化，管理也要具有灵活性。当前形势下，“两新”组织的党组织可借鉴以下六种模式：

一是独建。对有三名以上正式党员，并有合适的党支部书记人选，应按规定单独建立党支部，挂靠当地党委或工商联党组管理。以前的国有、集体企业改制后，符合单独设立党支部条件的，原有的党支部予以保留。

二是联建。对企业相对稳定，党员人数不足3人，或虽有3名以上党员，但无合适的党支部书记人选的“两新”组织，应由上级党委或工商联党组牵头，按照“行业相近、地域相近和党员自愿”

的原则，建立联合党支部。对于地域相邻、行业相近、经营管理联系比较紧密，但暂不具备单独组建条件的企业，以一家规模较大、党员人数较多的企业党组织为核心，联合若干家规模较小的“两新”组织，建立联合党组织。这种模式主要适用于同一区域内行业相近的企业，并在几家企业中有合适的龙头企业。

三是挂靠。对经营规模小、稳定性差、只有个别党员的“两新”组织，由工商联出面，将党组织关系挂靠在所在地有关单位、所在村或居委会党支部，或纳入当地工商联、个体协会党组织，以便联系与管理。

四是统管。为了加强对仅有个别党员的私营企业、个体工商户中的党员的教育管理，可以由工商联党组把对其业务指导和党的工作统一管起来。

五是委派。对无党员的非公有制经济组织，应推广先进单位的做法，由企业所在地党组织或工商联党组指派政治素质较好，有一定党务工作经验的党员兼任党务工作指导员，以加强对“两新”组织的政治领导，帮助其做好入党积极分子的培养、考查和发展党员工作。

六是直管。在有条件的地方，积极参与构建“两新”组织党建领导工作机制，对“两新”组织进行直接管理。

（二）探索“两新”组织党组织设置的新途径

“两新”组织面广量大、类型多样、人员流动快，要采取灵活多样的方式组建“两新”组织党组织。按照《中国共产党章程》和《关于加强和改进非公有制企业党的建设工作的意见（试行）》的规定，对大量仅有个别党员、不具备建立党组织条件的小型、微型企

业，要考虑政治基础、党员力量、内外部因素等方面情况，按照“因企制宜、灵活设置、注重实效”的原则，突破以企业为单元的党组织设置模式，注重发挥区域性、行业性党组织的作用，依托开发区（园区）、商务楼宇、乡镇（街道）、村（社区）和行业协会积极探索党组织设置的多种方式。

一是企业合建。对于“两新”组织中的一些小型企业、微型企业，应根据“互惠互利、优势互补”的要求，突破行业界限，通过共建党组织的形式，实现党建工作共建互动。企业合建模式可以发挥各个小、微企业的市场、信息、人才优势，推进这些企业相互促进、共同发展。

二是商会共建。对“两新”组织中行业特征较为明显的企业，积极探索“支部建在行业上”，依托行业协会等行业性商会，打破行政区域的限制，把会员单位联合起来，建立联合党组织；对地域特征较为明显的企业，依托地域性商会，突破行业限制，把来自同一地域、不同行业的会员单位联合起来，共同组建商会党组织。没有党员的会员单位，由商会党组织帮助其发展党员；尚未建立党组织的会员企业中的党员，可以把组织关系落到商会党组织，进行统一管理；条件成熟的会员单位，商会党组织指导帮助其单独组建党组织。

三是区域统建。在一定的区域范围内，突破企业、行业限制，改变传统的以纵向管理为主要特征的单位制建党模式，把区域内所有“两新”组织纳入建党范畴，按区域、网格、片组等，统一建立区域性综合党组织，统一开展党组织活动。在企业集聚的工业园区，可以将整个工业园区作为一个工作单元或划分为若干区域，设立园区党组织，聘用专职党务工作者，统一管理区域内“两新”组织的党员，并负责园区内未建党组织企业的党建工作。在商贸企业分布

集中的商务楼宇、集贸市场、商贸区可以以一幢楼宇、一个市场、一个街区为单元，统一建立党组织。

四是党群共建。在“两新”组织中，建立党组织的“两新”组织要通过党建带工建、带团建，以党群共建为载体，充分发挥群团组织的职能作用，积极推进组织共建、阵地共建、队伍共建，通过党的组织与群团组织建设有机结合，党员队伍与职工队伍建设有机结合，党务工作者队伍与“两新”组织的经营管理者队伍建设有机结合，努力构建党建群建双向促进、良性互动的崭新局面。尚不具备成立党组织条件的“两新”组织，要把工会和共青团组织建设纳入党建工作范畴，积极建立健全组织机构，实现工会和共青团组织覆盖和党的工作覆盖。

同时，要以企业内部单独建立党组织、更好地发挥党组织作用为基本依托，继续探索依托商会、市场、产业链、楼宇、园区、科研创新团队等扩大“两个覆盖”的组建类型，解决市场、楼宇、园区等联合党组织如何发挥作用的问题；进一步深化党群共建的形式和内容，通过党建带工建、带团建，充分发挥群团组织的职能作用，积极推进组织共建、阵地共建、队伍共建；还要积极探索利用网络条件组建党组织、开展党的活动的有效方式，扩大党的影响力。

三　严格遵循党的基层组织的设置程序

“两新”组织的党组织的组建工作是扩大党组织和党的工作覆盖面的前提工作。在组建“两新”组织的基层党组织的过程中，要严格遵循党章中对设置程序的要求。

根据党章的规定，党的基层组织的组织形式，应根据工作需要和党员人数而定。在一般情况下，基层单位的党员超过100人，可设立党的基层委员会，下面又分设若干总支部或支部；党员超过50人但又不足100人的，可设立党的总支部，下面可分设若干支部；有正式党员3人以上但不足50人的，可设立党的支部；正式党员不足3人的，可与邻近单位的党员组成联合支部。部分对国计民生影响重大的科研院所、工矿企业、外交外贸机构和边防要塞机关，虽然党员不足100人或50人，但领导力量配备较强的，也可以建立党的基层委员会或党总支。党的基层委员会、总支部、支部的建立，均需经过上级党组织批准。

（一）基层党委的设置程序

（1）向上级党委写出书面请示。请示的内容主要包括：说明本单位党员人数、分布情况；要设立党委的理由；说明计划下设总支、支部数；设立党委委员的人数。

（2）接受上级党委组织部门的考察。上级党委组织部门在接到新成立的或调整组织设置的单位的请示报告后，要对申请单位进行考察，了解其所提出的理由是否充分，领导班子的人选是否具备条件，班子的人员构成是否合理。

（3）上级党委召开党委会讨论审批。党委会要审查申请单位的情况是否属实；讨论申请的理由是否充分；下设的总支、支部以及委员人数是否符合党章的有关规定。

（4）上级党委下发设立党委的批文。批文内容主要包括组织设置形式和党委组成名额。

（5）申请单位召开党员大会或党员代表会议选举产生党的委员

会。向上级党委报告选举结果，报告内容主要包括选举工作情况和选举产生的书记、副书记、委员名单。

（6）经上级党委召开党委会研究批准后，展开工作。

（二）党支部的设置程序

（1）向上级党委写出建立党支部的请示。请示的内容包括：建制单位的工作性质、人员数量等简要情况；现有正式党员、预备党员的数量，建立党支部的依据和理由；所建党支部的性质；党支部委员会组成人数和委员设置方案等。

（2）上级党委批准建立党支部以后，应召开支部党员大会，以无记名投票方式差额选举产生支部委员会。

（3）召开党支部委员会会议，选举产生党支部书记、副书记，并对委员进行分工。

（4）向上级党委写出党支部委员会组成的请示报告。其主要内容包括：选举支部委员会的依据；支部委员情况、候选人名额与应选人名额差情况、选举结果等；党支部委员会选举书记、副书记的名单以及党支部委员的分工情况。

（5）上级党委批复后，党支部委员会开始工作，履行自己的职责。

（三）党小组的划分

为便于党员开展活动，党支部一般应根据本单位党员的数量和分布情况，划分若干党小组，每组选举党小组长一人。一个支部所划分的党小组不宜过多。一个党小组不应少于三名党员（其中至少要有一名正式党员）。有的党支部党员比较少，活动比较方便，也可

不划分党小组，由支部书记直接组织党员的活动。

按照党章规定，每个党员都必须编入党的一个支部、小组。党支部在建立党小组时，必须将支部内的每一位党员，包括支部书记、支部委员和党的组织关系在本支部的党员领导干部，全部分别编入党小组。对于担任领导职务的党员，不要将他们单独划出编成一个党小组。建立党小组，由支部委员会研究决定。组建党小组后，支部委员会应将本支部党小组的组建情况报告上级组织，以便上级党组织了解。

上述这些规定要求，在设置和组建“两新”组织的党组织时，需要严格遵守，不得违反党章中的规定原则。

四 设置党组织应当注意的若干问题

在“两新”组织中设置党组织，是为了在扩大党的政治领导、夯实党的执政基础和群众基础的同时，促进“两新”组织的科学发展，努力把党的组织优势转化为发展优势，把组织活力转化为发展活力，不断增强“两新”组织的党组织在政治上的引导力、组织上的凝聚力与发展上的推动力，促进组织又好又快发展。因此，在“两新”组织设置党组织要从着眼于夯实党的执政地位，着眼于激发党组织的生机活力，着眼于建立党建工作的长效机制，开创党建工作新格局出发，增强“两新”组织党建工作的科学性和实效性。“两新”组织党组织的机构设置应坚持精干、高效的标准，坚持一切从“两新”组织的实际情况出发，一切从实现党的建设工作目标的需要出发，坚持因事设岗、因事设人的原则。除此之外，操作时应

特别注意以下几方面：

（一）明确“两新”组织的党组织设置的审批权限

为了确保党组织组建质量，要明确党组织设置的审批权限。设立党委的一般由县市一级地方党委审批，设立党的总支部委员会的一般由县市一级党委组织部门审批，设立党的支部委员会的由所属上一级党委审批。按照中央有关文件精神，“两新”组织党组织的负责人和其他领导成员，由党员大会或党员代表大会选举产生。暂不具备选举条件的，可由上级党组织指派或任命，待条件成熟后再进行选举。

（二）明确“两新”组织的党组织的隶属关系和管理归属

由于“两新”组织具有不同的特点和具体的实际情况，因此，在设置党组织时要因地制宜，根据实际理顺党组织的隶属关系，以便于管理，发挥作用，较好地实现党组织的隶属关系明确与管理的统一。下面有七种管理模式：

1. 属地管理

属地管理是将“两新”组织的党组织按其所在地划归城市街道（社区）党工委和乡镇党委、村党支部管理。规模较大、党员人数较多的“两新”组织的党组织也可直接由所在地（市）、县（市、区）党委领导。这种隶属关系是“两新”组织党组织最主要、最常用、最有效的隶属关系。

2. 商会或协会管理

就是“两新”组织的党组织由商会党组织和个体私营企业协会党组织负责管理。例如，湖南省委批准成立了中共湖南省工商联直

属会员单位委员会，负责管理直属会员企业和行业商会的党组织；深圳市依托市总商会成立了市民营企业党委，统一管理特区的“两新”组织党组织；广州市由私营企业协会党委管理下属的各私协分会党支部。

3. 社区管理

在大中城市的街道所辖范围内的“两新”组织中，对那些有三名以上党员的组织，由街道党工委帮助其建立起独立的党支部，在街道党工委直接领导下开展工作。实行这种管理模式，关键是要赋予街道办事处相当于一级政府的行政管理权，赋予街道党工委在街道中的领导核心地位。

4. 园区管理

在各类开发区和工业小区没有党的派出机构的情况下，可以采取授权、指定开发区管委会或开发公司党委（党组、总支）负责管理区内“两新”组织党组织的办法，并在编制、经费和机构等方面给予配套支持。全国数十个国家级高新技术产业开发区大部分是采取这种模式。也有一些地方党委在所属各种地方性的开发区内设置党工委来管理“两新”组织党组织，对开发区内“两新”组织的党组织实行统一管理。

5. 属条管理

所谓属条管理，就是依托专业条线党委对“两新”组织的党组织进行管理。例如，上海市已有杨浦、长宁、普陀等十几个区县建立了民营科技党委，在市科技党工委的指导和区县党委的领导下负责民营科技企业的党建工作。

6. 部门管理

部门管理就是“两新”组织的党组织由辖区内的工商、税务等

部门党委进行管理。例如浙江省衢州市对没有党组织的“两新”组织的党员先建立联合党支部，然后明确联合党支部的隶属关系，由工商或税务部门的党委进行管理。这种管理模式因为有行政上的隶属关系为依托，因而比较有效。

7. 挂靠管理

主要是依托各类中介服务机构党组织进行管理。随着人才流动频度和范围的加大，一些工作单位不固定的党员把党的组织关系临时挂靠在人才交流服务中心、职业介绍所等中介服务机构的党组织。

（三）“两新”组织党组织的党内职务设置和职务职责

党内职务是指党的各级组织及其工作部门中由党员担任的各种领导职务。“两新”组织党组织的党内职务设置，既要根据党的各项规定要求进行设置和职责分配，同时也要结合“两新”组织的实际进行合理设置。

1. 党的基层组织领导成员职数设置

（1）根据党的基层组织领导成员职数设置的基本原则，党员人数超过100名的基层单位，经上级党组织批准，可成立党的基层委员会。党的基层委员会一般设委员5－9人，其中设书记1人，副书记1－2人。基层党委一般不设常务委员会，少数大型厂矿企业、规模较大的高等院校等单位，党员人数比较多，为便于开展工作，经上级党组织批准，可以设立常务委员会，设立常务委员会的党的基层委员会，一般设委员15－21人，常务委员5－7人。

（2）党员人数超过50名的基层单位，经上级党组织批准，可成立党的总支部委员会。总支部委员会一般设委员3－5人，最多不超过9人，其中设书记1人，副书记1人。

（3）正式党员人数超过3名、不足50名的基层单位，经上级党组织批准，可成立党支部。正式党员不足3名的，可与邻近单位的党员联合组成党支部。其中，党员人数超过7名的党支部应设立支部委员会。支部委员会一般设委员3－5人，最多不超过7人，其中设书记人，必要时增设副书记1人；党员人数不足7名的只设书记1名，必要时增设副书记1名。

（4）有的基层单位党员人数虽然不足100名或50名，但因特殊情况和工作需要，经上级党组织批准，也可以成立党的基层委员会或总支部委员会。

2.“两新”组织的党组织党内职务设置

在经营规模和党组织规模都很大或较大的“两新”组织中，应设书记1名、副书记1－3名，委员若干名，可以设党委办公室并设专职主任1名，负责日常工作；同时针对重点工作的需要，可以在党委之下设必要的职能部门，如宣传部、组织部等，但这些机构的负责人不设专职，而由分管工作的党委委员兼任。党组织的工作职能应尽量合并，如纪检工作、统战工作、青年工作、妇女工作等可以并归组织部负责。在中小型“两新”组织中的党总支和党员较多的党支部，一般在党总支或支部委员中实行个人职责分工，不设专门职能机构，各方面的日常工作可以由办公室统一办理，主任由副书记兼任。党员人数较少的支部只设书记一人即可。另外，企业党组织的领导成员还可与工会、共青团等群众组织的领导成员相互交叉兼职。在条件许可和必要的情况下，党组织负责人和工会主席可以一人兼任。在中小型“两新”组织中，党组织负责人应尽可能兼任工会主席，在大型或特大型“两新”组织中，党委副书记也应尽可能兼任工会主席或团组织的主要负责人。

第四章

加强非公有制经济组织和新社会组织中的党组织的制度建设

加强"两新"组织党组织的制度建设，是加强"两新"组织党的建设的核心内容，也是夯实党的执政基础、提高党的执政能力的必然要求，是抓好党组织和党的工作"两个覆盖"的关键环节。制度建设，是带有长期性、根本性的工作，必须高度重视、抓紧抓好。

一　加强非公有制经济组织和新社会组织党的建设应坚持的原则

随着我国经济社会的迅猛发展，"两新"组织如雨后春笋般迅速发展起来。各类民营企业、社会团体、社会中介组织和民办非企业单位等新社会组织具有规模小、分布广、涉及行业多等特点，是基层党建工作的新领域。加强"两新"组织党建工作，应遵循以下原则。

（一）遵循整体联动原则，完善“两新”组织党建管理体制

加强“两新”组织党建工作，关键要进一步健全和完善由组织部门、登记管理部门、业务主管部门、属地党组织组成的“四位一体、齐抓共管、明确职责、协调推进”的工作机制，解决党组织“由谁建”、党的工作“由谁管”的问题。要建立健全由工会、共青团、工商、税务、司法、民政、属地党组织等有关职能部门和组织共同参加的联席会议制度，互相通报工作情况，形成党委领导、行政支持、条块联动、网络覆盖的党建工作新格局。组织部门要发挥牵头协调的作用，督促指导主管单位和属地党组织抓好“两新”组织领域的党建工作。业务主管单位要帮助符合建立党组织条件的单位及时建立党组织，并对党建工作给予指导。对于暂不具备建立党组织条件的单位，要加强联系和沟通。属地党组织要对辖区内的新社会组织党建工作负起应有的管理职责，对于一些没有主管单位或主管单位不明确的新社会组织，要主动负起责任，加强沟通联系和服务指导，形成共同推进“两新”组织党建工作的整体合力。

（二）遵循因地制宜原则，让“两新”组织的党组织凝心聚力

针对“两新”组织党员流动性大、素质不一、党组织活动时间不好安排、活动场所难落实、效果难保证等问题，要因地制宜地整合社会资源，创新党组织活动的载体。有条件的要建立区域性或行业性的党员服务中心，加强网络党建等党内公共教育阵地建设，实行多功能服务、开放式教育、交互式沟通。在活动方式上，要找准工作的切入点，提高活动实效。要根据不同的组织特点，坚持“小

型、灵活、多样”的活动形式，兼顾“两新”组织自身发展的实际，做到活动为党员所欢迎、为新社会组织自身发展所需要、为业主及管理者所支持和理解，把党的建设与“两新”组织自身发展衔接起来、统一起来，不断增强党组织的向心力、凝聚力和战斗力，促进“两新”组织健康发展。

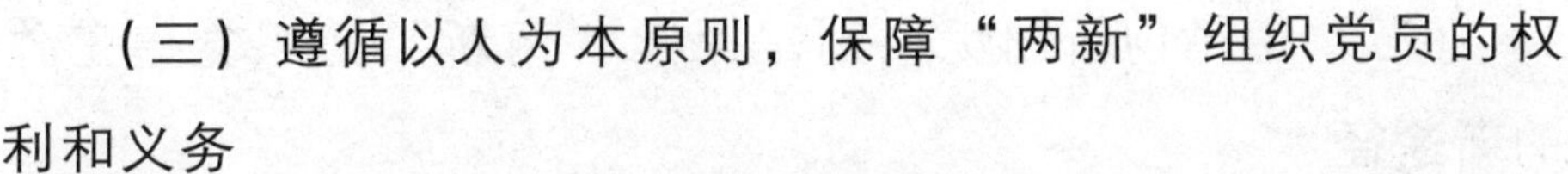

（三）遵循以人为本原则，保障“两新”组织党员的权利和义务

要加强“两新”组织中党员的管理、监督，对那些党性和组织纪律性不强的党员，要加强说服教育和监管工作，引导他们牢记党的性质宗旨，发挥党员的先锋模范作用。在落实党员义务的同时，也要注意保障党员的权利。要尊重党员的主体地位，营造党内民主氛围，允许普通党员提出不同意见和看法。对于工作和生活上有困难的党员，组织上要予以关心和照顾。对于党性强、业务精的党员要为他们提供施展抱负的舞台。尤其对那些长期默默奉献的党员，应当以恰当的方式给予一定的奖励。

（四）遵循循序渐进原则，提升“两新”组织党建工作整体水平

“两新”组织党建工作没有现成的经验可仿效，工作中可选取工作规范稳定、人员素质较高、管理者容易沟通并对党建工作不排斥的“两新”组织作为重点工作对象，集中力量加以突破，并使党建工作成为“两新”组织发展壮大的助推器，然后由点到面进一步扩展推进。实践中可以选取企业机制健全、人员相对稳定、人员素质较高的民营企业和律师事务所、会计事务所、民营医院、民营学

校等为工作突破口。针对有些“两新”组织人员流动一般都在本行业内这一特点，可以通过“支部+协会”的模式来推动“两新”组织党建工作，联合行业主管部门，帮助、指导同一行业、同一领域的“两新”组织建立行业协会，通过行业协会助推本行业党组织建设，有效化解人员不稳定、流动大的难题。

（五）遵循创新创优原则，探索“两新”组织党建工作的新途径

要认真分析新情况、解决新问题，大胆探索“两新”组织党建工作的新途径。通过定期开展“两新”组织党建情况的汇报与交流，及时了解“两新”组织党建工作的新情况、新问题、新思路、新经验，对于党建工作的新经验要及时进行总结、梳理，并尽快纳入党建工作制度化轨道，积极推广，巩固和扩大“两新”组织党建工作的成果，不断激发党组织的创新活力，更好地服务于“两新”组织的发展。

二　健全和完善党的制度，推动非公有制经济组织和新社会组织党建工作有序开展

健全和完善党的制度是加强“两新”组织党的建设的根本性工作，必须按照党的建设的总任务和总要求，高度重视，通过认真细致而周密的工作，不遗余力地抓紧抓好，把制度建设落实到党的建设的各个方面，推动“两新”组织的党建工作不断深入。

（一）健全和完善民主集中制

加强“两新”组织党组织的制度建设，最根本的是健全和完善民主集中制。民主集中制是我们党的根本组织制度和领导制度。党的十八大召开之后，党的建设工作在新形势、新任务、新的历史条件下，民主集中制不仅不能削弱，而且必须完善和发展。对此，“两新”组织的各级党组织必须有清醒的认识，进一步坚持和健全这一科学、合理、有效的制度，不断增强党的活力和团结统一。

健全和完善民主集中制的基本要求和目标，是要努力在全党形成既有集中又有民主，既有纪律又有自由，既有统一意志又有个人心情舒畅、生动活泼的政治局面。民主集中制要得到切实有效的贯彻执行，要实现其基本要求和目标，关键是要建立健全一整套具体制度来保障。党章规定，党的民主集中制的基本原则是：①党员个人服从党的组织，少数服从多数，下级组织服从上级组织，全党各个组织和全体党员服从党的全国代表大会和中央委员会。②党的各级领导机关，除它们派出的代表机关和在非党组织中的党组外，都由选举产生。③党的最高领导机关，是党的全国代表大会和它所产生的中央委员会。党的地方各级领导机关，是党的地方各级代表大会和它所产生的委员会。党的各级委员会向同级的代表大会负责并报告工作。④党的上级组织要经常听取下级组织和党员群众的意见，及时解决他们提出的问题。党的下级组织既要向上级组织请示和报告工作，又要独立负责地解决自己职责范围内的问题。上下级组织之间要互通情况、互相支持和互相监督。党的各级组织要使党员对党内事务有更多的了解和参与。⑤党的各级委员会实行集体领导和个人分工负责相结合的制度。凡属重大问题都要由党的委员会集体

讨论，作出决定，委员会成员要根据集体的决定和分工，切实履行自己的职责。⑥禁止任何形式的个人崇拜。要保证党的领导人的活动处于党和人民的监督之下，同时维护一切代表党和人民利益的领导人的威信。

作为“两新”组织党组织，在党建工作实践中，要始终注意加强制度建设来保证贯彻执行民主集中制原则。

1. 坚决维护中央的领导权威，同党中央保持一致

民主集中制是我党的根本组织原则，民主集中制原则的“四个服从”，最重要的是全党服从中央。全党服从中央，就是全党都要自觉维护党中央的权威。维护党中央权威，是维护党的团结统一的关键，是坚持和改善党的领导的基本条件，是改革和建设事业顺利发展的根本保证，是维护国家统一、民族团结、社会稳定的需要，对于推进改革和全面建成小康社会，具有重大意义。维护中央权威，核心是要保证中央的政令畅通。为此，“两新”组织中的党组织和党员要在政治上、思想上、行动上与党中央保持一致，对党的路线方针政策要毫不动摇地贯彻执行。

2. 发展党内民主，逐步完善民主科学决策制度

党内民主是党的生命。事实表明，没有党内民主就没有党的兴旺发达。在新的历史条件下，发展党内民主，要以保障党员民主权利为基础，以完善党的代表大会制度和党的委员会制度为重点，从改革体制机制入手，建立健全充分反映党员和党组织意愿的党内民主制度。要把认真贯彻执行《中国共产党党员权利保障条例》作为发展党内民主的一项重要任务。各级党组织特别是党的领导干部，要改进工作作风和领导作风，坚决防止和克服本位主义、主观主义等不良习气；要努力疏通和拓宽党内民主渠道，使党员对党内事务

有更多的了解与参与；要引导党员正确开展批评与自我批评。凡属党组织工作中的重大问题都应力求组织广大党员讨论，充分听取各种意见；通过建立有效机制，保证基层党员和下级党组织的意见能及时反映到上级党组织中来，上级党组织应充分听取下级党组织的意见，集思广益，不断推进决策的科学化、民主化。

（二）扩大党内民主，实行党务公开制

党内民主是党的生命，党务公开是党内民主的重要内容。党务公开是指党内事务的内容、程序、结果等在一定范围内进行公布。党的基层组织实行党务公开，是深入贯彻落实科学发展观、提高党的执政能力、保持和发扬党的先进性的必然要求，是扩大党内基层民主、保障党员民主权利、增强党的基层组织生机活力的客观需要，是实践党的宗旨、密切党群关系、促进基层和谐稳定的有效途径，是加强党内监督、规范权力运行、推进基层党风廉政建设的重要举措。

党务公开制要求党的基层组织要按照制定目录、实施公开、收集反馈和归档管理的程序，通过党内有关会议、文件、简报等方式，及时公开党组织决议、决定及执行情况、党的思想建设情况、党的组织管理情况、领导班子建设情况、干部选任和管理情况、联系和服务党员及群众情况、党风廉政建设情况等应当公开的内容。要建立健全例行公开、监督检查、考核评价等制度，为党的基层组织党务公开工作提供保障。

“两新”组织党的基层组织实行党务公开，必须坚持以下基本原则：

1. 发扬民主，广泛参与

以落实党员的知情权、参与权、选举权、表达权、监督权为重点，进一步提高党员对党内事务的参与度，充分发挥党员在党内生活中的主体作用。拓宽党员意见表达渠道，营造党内民主讨论、民主监督环境，调动广大党员的积极性、主动性和创造性。

2. 积极稳妥，注重实效

坚持自上而下的指导和自下而上的探索相结合，坚持先党内后党外，循序渐进，讲求实效，防止形式主义。党内事务除涉及党和国家秘密等依照规定不宜公开或不能公开的外，都应向党员公开。公开内容应真实、具体，公开形式应多样、便捷，并保证党务公开的时效性和经常性。

3. 统筹兼顾，改革创新

把党务公开与政务公开、厂务公开、村（居）务公开和公共事业单位办事公开等有机结合起来，相互促进、协调运转。积极适应党内基层民主建设新要求，不断完善公开制度，丰富公开内容，创新公开形式，努力探索党员发挥作用新的途径和方式。

4. 区别情况，分类指导

针对不同类型党的基层组织的特点，确定相应的公开内容和形式，提高党务公开的针对性和有效性。

（三）坚持和完善党的组织生活制度

党章规定，每个党员，不论职务高低，都必须编入党的一个支部、小组或特定组织，参加党的组织生活，接受党内外群众的监督。不允许有任何不参加党的组织生活、不接受党内外群众监督的特殊党员。为严格党的生活，在“两新”组织党建工作中必须根据本单

位的实际，以改革创新、求真务实的精神建立健全党内生活制度。

1. 党日制度

党日是党的组织和党员开展党的活动的专门时间。通常每隔一定时间安排一次，用以召开党的会议，研究党的工作，进行党的教育，过组织生活，以及新党员履行入党手续等。它是党的生活的一项重要制度。坚持党日制度，有利于活跃党内民主生活，增强党员的党性，加强党的团结，发挥基层组织的战斗堡垒作用和党员的先锋模范作用。

2. “三会一课”制度

“三会一课”制度，即定期召开支部党员大会、支委会、党小组会制度，定期上党课。认真坚持“三会一课”制度，对于加强党的支部建设，提高党的战斗力，具有重要作用。通过“三会一课”制度，组织党员认真学习马克思主义理论，学习党的基本知识，学习党的路线、方针、政策和上级指示、决议，统一思想并研究贯彻落实措施，更好地完成党的各项任务。同时，党员定期讨论支部工作，有利于发扬党内民主，总结工作经验，揭露和纠正工作中的缺点和错误，使党组织和党员更好地接受批评和监督。

3. 双重组织生活制度

双重组织生活制度是指党员领导干部既要参加所在的党支部、党小组的组织生活会，又要参加党委（党组）单独召开的民主生活会。党员领导干部无论职位多高，都必须以普通党员的身份，定期参加党支部和党小组的活动，自觉地接受党组织和党内外群众的监督。同时，党委（党组）要单独召开党的民主生活会，就执行党的路线、方针、政策和决议情况以及相互间在思想、作风和工作上的问题，交换意见，沟通思想，开展批评与自我批评，以增强团结，

加强集体领导，不断改进领导工作，提高领导水平。

（四）坚持和完善民主评议党员制度

民主评议党员是我党依据从严治党的方针，把党员教育、管理、监督和服务融为一体，加强党的建设的一项基本制度。党组织对党员每年进行一次评议，并根据评议情况，进行相应的组织处理。

1. 民主评议党员的内容

民主评议党员包括以下五个方面的基本内容：

一是评议党员是否具有共产主义远大理想和中国特色社会主义坚定信念，把坚持党的最高纲领与党在现阶段的基本纲领统一起来，把为实现党在现阶段的基本纲领而奋斗同脚踏实地地做好本职工作结合起来，为完成本单位的各项任务作出贡献。

二是评议党员是否在政治上同党中央保持一致，坚决贯彻执行党的基本路线和各项方针政策，认真学习实践“三个代表”重要思想和科学发展观。

三是评议党员是否认真执行党的决议，严守党纪国法和各项规章制度，讲党性讲原则，积极开展批评与自我批评，勇于同不良倾向作斗争。

四是评议党员是否正确对待个人利益与党的利益，维护党的团结，密切联系群众。

五是评议党员是否发扬艰苦奋斗的优良传统，严于律己，廉洁奉公，保持党员先进性，切实发挥党员模范带头作用。

在实际工作中，民主评议党员的内容应当根据形势、任务对党员提出的要求，根据党员发挥先锋模范作用的要求和党员队伍的实际情况来确定。不同的单位应当结合本单位的具体情况确定民主评

议党员的具体内容，以体现不同单位的特点，保证民主评议党员制度收到实效。

2. 民主评议党员的实施步骤

民主评议党员工作，在各级党委的领导下，以党支部为单位，有计划、有步骤地进行。时间一般相对集中。民主评议党员的实施步骤通常为：

（1）学习教育。这一阶段民主评议党员的学习内容，一般以党章、中国特色社会主义理论以及中央有关文件为基本内容，也可结合实际和评议内容学习有关文件。着重抓好科学发展观的教育、理想宗旨教育、党风党纪教育。

（2）自我评价。自我评价主要是对照党员标准和评议内容进行。要联系个人思想和工作实际，自觉清理思想，检查言行，肯定成绩，找准存在的问题及根源，在是否合格上进行自我认定。自评前，应认真、如实地写好个人总结材料，并主动征求党内外群众的意见。个人总结写好后要经党支部审定，然后由党员在党支部大会上进行自我总结。

（3）党内、党外评议。在这一阶段中，要召开党小组会或支部大会进行民主评议，党员之间认真开展批评和自我批评并以适当方式征求党外群众意见。评议中要敢于触及矛盾和问题，避免不负责任评功摆好。党员领导干部应带头解剖自己，带头接受批评，带头评议别人。对不宜公开批评的问题，可通过意见箱或同党员个别谈话等方式，让党员充分发表意见。听取党外群众对党支部和党员的意见，可采用座谈会或民意测验的方法，一般在党内互评后进行。

（4）组织考察。这一阶段要召开支部委员会，对照党员标准，

综合分析党内外群众对每一个党员的评价和反映，提出初步意见。对其中需要核实的问题，应当进一步调查核实。召开支部大会，将支部委员的初步意见提交支部大会讨论，按照少数服从多数的原则形成正式组织意见。

（5）表彰、处理。经过民主评议，对一致公认表现好的党员，由基层党组织通过口头或书面形式进行表扬，对突出的优秀党员，报上级党委给予表彰；对合格党员要给予肯定和鼓励；对不合格党员要按照有关政策，区别情况，严肃处置。

3. 结合实际，做好“两新”组织党员的民主评议

“两新”组织党组织除了必须按有关规定每年对党员进行一次民主评议，还要根据党章和党内有关文件的要求，结合本企业的实际情况，本着定性和定量相结合的原则制定出具体的评议内容和标准，注意民主评议的方法，方能达到评议的目的。

在党员评议过程中，可以采取党员自评和党员互评相结合、党外群众评议（可以吸收工会代表和经营管理层代表参加）与党内民主评议相结合的方式。还可以运用“面对面”评和“背靠背”评相结合的办法，也可以在群众中设立举报电话，开展问卷调查的方法。在这个过程中，要注意借助工商、税务、公安、检察等执纪执法部门，查清楚党员有无违纪违法情况。党组织要对民主评议的意见，进行实事求是的分析综合，形成组织意见，转告本人，并向支部大会报告。对民主评议中的好党员要给予鼓励表扬，对作用特别突出的要予以表彰和奖励，对揭露出来的违法乱纪等问题，要认真查明，并依纪依法严肃处理，对不合格党员，决不能姑息迁就，要坚决予以劝退或除名，以确保党的先进性和纯洁性。

三　健全和完善党建工作机制，推动非公有制经济组织和新社会组织党建工作深入进行

加强“两新”组织党的建设，促进“两新”组织健康发展，就要逐步构建“两新”组织党建工作的“八大机制”，以适应新形势新任务对党建工作的需要。

（一）党组织组建机制

一是要根据“两新”组织的特点，设置以党支部为主的党组织，并从党员数量和工作需要来考虑，建立一部分党总支部和党的基层委员会。

二是要通过“系统管理、行业管理、挂靠管理、属地管理”四种渠道组建党组织，采取“园区式、驻村式、行业式、派驻式、独设式”的方式进行组建。

通过多种形式组建，有效实现已登记党员全部纳入党组织管理和有党员的“两新”组织全部有党组织覆盖的目标。

（二）党组织和党员发挥作用机制

1. 充分发挥党组织的政治核心作用

“两新”组织的党组织在宣传党的路线、方针、政策和国家法律法规的同时，要加强教育引导。尤其要提高业主对加强“两新”组织党建工作的认识，帮助业主探索建立现代企业管理制度，不断规范企业的内部管理。要加强与企业决策层的沟通和联系，对关系企

业发展和存亡的问题，积极向企业献言献策，提高企业重大问题决策科学化水平，促进企业健康发展。对企业自身解决不了的困难和问题，要及时向上级组织反映，寻求解决的办法和途径。

2. 充分发挥党员的先锋模范作用

“两新”组织的党组织要加强对党员的教育管理，增强他们的党员意识。同时，创新党建活动方式，灵活设置党建活动载体，积极开展以“党员责任区”“党员示范岗”“党员奉献日”等党建活动，充分发挥党员在企业中的骨干带动作用，特别是在急难险重工作中的先锋模范作用，为企业发展做出应有贡献。

3. 充分发挥党组织的凝心聚力作用

“两新”组织的党组织要加强对工会、共青团和妇联组织的领导，指导其按照各自的章程开展活动，做到党的工作和群团工作同步研究、同步部署、同步检查，增强党的工作的合力。深入开展思想政治工作，协调企业与职工、职工与职工的关系，正确处理劳资矛盾和职工内部矛盾，积极维护企业和职工的合法权益。支持和帮助企业依法经营，照章纳税，推进企业文明建设，促进企业持续健康发展。

在发挥党组织和党员以上作用的同时，还要积极开展以下活动：一是要选择一批基础好的党组织，围绕“领导班子好、党员队伍好、工作机制好、工作业绩好、群众评价好”的要求和“六个一”的硬件标准，开展固本强基工程示范点创建活动，充分发挥其示范、引导、带动和辐射作用。二是要组织开展“责任、素质、作用、作为”教育，通过实施“先锋行动”，巩固和扩大先进性教育成果。围绕科学管理、增产降耗、岗位公关、构建和谐、扶贫帮困等方面开展活动。三是要探索建立“两新”组织党建服务志愿者队伍，多方位开

展活动。志愿者们为党建工作出谋划策，为“两新”组织开展党建工作提供志愿服务，发挥了很好的作用。

（三）党员发展机制

遵循“坚持标准、保证质量、改善结构、慎重发展”的方针，做好在“两新”组织中发展党员的工作。要重点在表现优秀的中高层管理人员、非党员工会和团组织负责人以及在生产第一线和高知识群体、进步青年中发展党员。要把发展私营企业主入党纳入正常工作。定期举办面向“两新”组织入党积极分子的培训班，着力提高他们的思想政治素质，引导他们先在思想上入党，在工作中经受锻炼和接受组织考验。要主动配合流出地党组织和外省、市（县）派驻党组织，做好跟踪培养发展党员工作和办理预备党员转正手续。

（四）党务保障机制

一要组织保障。成立流动党员管理服务中心（站）和“两新”组织党组织的完整网络，实现组织的全覆盖。

二要制度保障。建立健全“两新”组织党组织工作职责和党建工作目标责任制体系，严格执行“三会一课”、党员活动日、发展党员、民主评议党员、党费收缴、党员教育管理等基本工作制度，并按统一规格在党员活动室内规范上墙，便于党员学习、对照与执行。

三要队伍保障。针对“两新”组织各自不同的特点，通过上级党组织推荐或选派、企业内选或外聘等方式，注重把党性强、懂经营、会管理、善于做职工群众工作的经营管理骨干和专业技术人才中的党员，选拔到党组织负责人岗位上来，选准配强党组织书记。对于党组织书记是企业主的，要求企业确定一名专职副书记抓党务

工作。对不胜任工作的党组织负责人要及时调整。同时，配强专职组织员，配好领导班子。为每个流动党员管理服务中心和管理服务站配备相应工作人员。抓紧配备“两新”组织党建指导员。要通过多种方式和渠道，引导业主增强党建工作的认同感，调动其支持党建工作的积极性。

四要经费保障。坚持每年从党费中划拨、财政中列支，用于解决“两新”组织党组织的活动经费、党刊订阅、党员电教、示范点建设。坚持“两新”组织党员交纳党费全额返还制度。同时，注重依托村（社区）党组织的力量，对“两新”组织党组织给予有力支持。

五要阵地保障。根据企业规模、党员数量和工作需要，设立相应的党员活动室。为加强党员活动室建设，上级党组织可免费向“两新”组织党组织赠送党旗、党刊、党建音像材料等，并为示范点配备党员干部远程教育“电视上网”设备，使党员活动阵地的作用得到充分发挥。

（五）流动党员管理机制

一要强化登记。在各村（社区）、大型工业区、规模较大的人才市场和劳务市场建立流动大党员服务站，采取驻点和上门相结合的方法进行党员登记，实现从地毯式摸查到经常性登记、从党组织找党员到党员找组织的转变。

二要认真核实。安排专人负责查验《流动党员活动证》或《党员证明信》等党员身份凭证。采取信函、电话、电子邮件等方式、渠道，与流出地党组织核实党员身份。

三要审核发证。流动党员身份核实后，对符合规定的及时接转

组织关系；对因各种原因暂时无法接转组织关系而无证的流动党员，由流动党员管理服务中心统一发放《流动党员活动证》，作为参加组织生活、民主评议、交纳党费和享受相关服务的凭证。

四要跟踪管理。建立流动党员管理卡、"两新"组织日常管理信息系统，力求每天、每周、每月更新原始数据，掌握党员流动情况，定期进行动态分析。

（六）流动党员教育机制

一要创新学习教育基地，把革命教育基地作为流动党员教育基地，对流动党员进行革命教育。

二要增设学习平台，充分利用广播电视网络等媒体资源和广场文化资源，开办电视专题论坛和专题讲座，以论坛、讲座促学习、促交流。

三要实行分级负责和分层次培训。市级主要抓党组织一把手培训，镇级主要抓党组织班子成员培训，"两新"组织党组织重点抓普通党员教育。同时，结合企业实际，开展多层次、多形式的研讨活动，提高"两新"组织党组织和党员的参与程度。

四要将党员教育与企业文化建设相融合，把党员活动与丰富多彩的企业文化活动同安排，把牢固党员宗旨信念与明晰企业发展目标同教育，把党员的精神追求与企业精神理念同培养。

（七）流动党员约束激励机制

一要政治激励。在"两新"组织中开展多种评选活动和表彰活动。对优秀党员给予奖励和免费入籍待遇，不断提高他们的社会和政治地位。

二要服务激励。制定保护外来员工合法权益的规定，要求相关部门切实做好管理服务，不断改善党员的生活、医疗和工作待遇等。

三要优惠激励。在推荐就业、医疗保障、法律咨询与援助、办理相关证件等方面给予流动党员一定优惠，让他们充分感受到党组织的关怀和温暖。

（八）流动党员党费收缴机制

一要依规收缴。流动党员凭活动证到流入地党组织按时按标准缴纳党费，由党组织统一交镇（街道）企业工委，再由镇（街道）企业工委上交市企业工委统一管理。

二要全额返还。可将“两新”组织中的党员缴纳的党费全额返还到“两新”组织的党组织。

三要规范使用。党费使用由集体讨论决定，坚持统筹安排、收支平衡、略有结余的原则，实行专款专用。

四　推行五种制度，促进非公有制经济组织和新社会组织与党建工作共同发展

“两新”组织党建工作只有坚持与时俱进、求实创新，形成党建工作与“两新”组织发展共生共荣的良好局面，才能使“两新”组织的党建工作真正得到业主和管理者认同与欢迎，进而推动党建工作扎扎实实地开展起来，把党建工作的各项任务落到实处。新的历史条件下，要积极推行以下五种制度。

（一）推行任职交叉制，强化党组织的核心作用

为了从源头上解决党组织在“两新”组织发展中的地位问题，“两新”组织的党组织可与管理层实行任职交叉制。“两新”组织党建工作弱化，在很大程度上是由于党组织与“两新”组织经营决策权分离造成的。党组织要充分发挥核心作用，就必须在参与决策的方式上进行调整。“两新”组织党组织的核心作用，更多地体现为加快发展的凝聚力、技术创新的驱动力和职工权利的维护力。实行任职交叉制，既能保证决策层与党组织的相对独立性，又能保证党组织参与企业经营决策等重大事项的有效性，从而形成参与不干预、建议不定论、把关不包办的党组织发挥作用的新模式。

（二）推行流动挂靠制，强化党员队伍管理

针对“两新”组织中的党员流动性较大的特点，“两新”组织可以适时推出党员流动挂靠制。具体做法是：按区域重新设置党支部，外出党员流动到哪个支部的区域，就近参加相应支部的活动，流动党员由党总支及时与对点支部取得联系，使流动党员关系流进、流出不断线，始终处于有效的动态管理之中，从而使党员管理工作实现无缝对接。

（三）推行岗位示范制，激发党员先锋作用的发挥

经济效益最大化是“两新”组织业主追求的主要目标，经济刺激往往成为经营管理者常用的管理手段。而这种纯物质的管理手段也存在一定的局限性，如果使用不当，就很容易引发劳资双方矛盾的激化。党组织开展党建工作，激发党员的先锋意识，发挥党员的

示范作用，完全符合劳资双方实现双赢的要求。党组织应在党员中推行岗位示范制，要求党员挂牌上岗，并对示范岗位提出相应要求，影响并带动广大员工凝心聚力为企业做贡献。推行岗位示范制，既可以让经营管理者体会到党员队伍的作用和力量，让员工学有榜样、干有依靠，为企业发展注入活力，又能增强党员的责任感、荣誉感，塑造积极进取、奋勇争先的新形象。

（四）推行活动分散制，拓展党组织活动新空间

党组织组织党员开展集体活动，进行集中学习，在面对市场激烈竞争、生存压力较大的“两新”组织，其难度非常之大，经常开展也是不现实的。为此，要化解支部活动难开展这个难题，可以缩小支部活动单元，把支部活动放到党小组来进行。除了必须集中进行的党员大会、民主评议党员等重要活动之外，党内其他活动均可以党小组为单位分散进行。党组织应根据“两新”组织的工作特点，充分发挥党小组的作用，将支部的日常活动化整为零，通过经常性的小组会、个别谈心、结对联系、党员责任区等形式，使分散的党员可以时时听到党组织的声音，时时得到党组织的教育与关怀，时时在党组织的引导之下开展工作，从而更紧密地团结在党支部的周围，为“两新”组织的健康发展做出贡献。实践证明，集分结合、以散为主的活动方式适应“两新”组织的工作实际，拓展了党组织开展活动的新空间，也收到了应有的效果。

（五）推行学习跟踪制，提升党员理论水平

由于“两新”组织的党员理论学习在时间和精力上很难保证，党组织可采取年终年初集中强化、日常学习以自学为主、党组织抓

好学习跟踪的方法开展党员理论学习，提高党员的理论水平。

一要定期将精选的理论学习辅导材料寄到每位党员手中，要求党员结合思想、工作以及“两新”组织的发展实际进行自学。

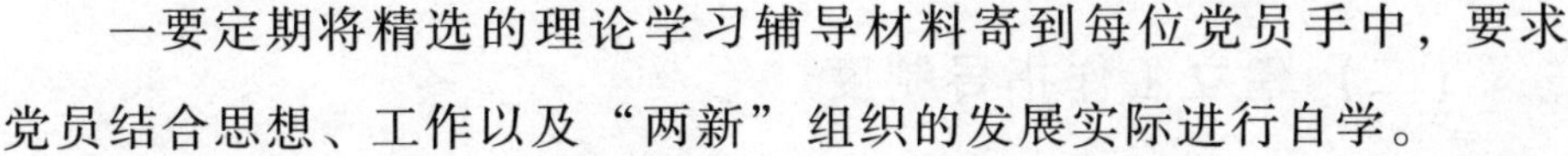

二要建立严密的督学措施，要求每位党员每季必须完成一篇思想汇报，每半年完成一篇学习心得体会。要将思想汇报、心得体会汇编成册，定期检查考核。

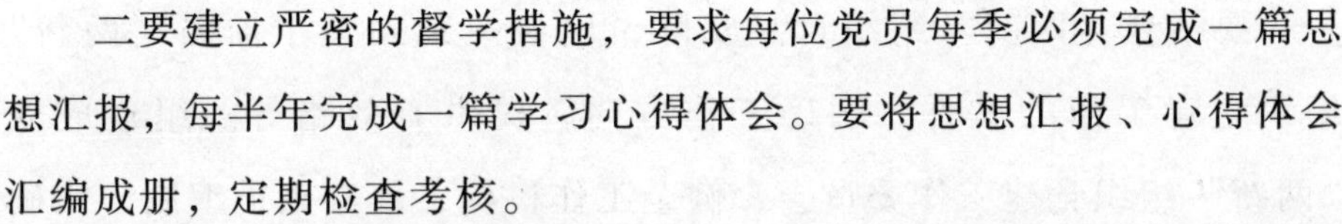

三要主办党建内部资料，指导学习方法、推广学习经验、刊载学习体会、点评学习效果。应采取点对点式的学习跟踪措施，帮助党员增强学习能力，提高思想素质和理论水平，适应时代发展、企业进步和个人成长的要求。

五　以抓制度、促管理为目标，在党组织规范运行上抓落实

“两新”组织的党建工作，不仅要解决“抓什么”的问题，更要强化“怎么抓”的措施。必须从健全制度、规范管理入手，营造好的外部环境，推动党建工作健康发展。

（一）建立舆论引导制度

要充分利用本辖区和本企业的各类媒体，宣传党的路线、方针、政策和诚信经营、依法纳税、安全生产等方面的法律法规，保证党的路线方针政策和法律法规在“两新”组织得到贯彻落实。借助新闻媒体，开辟“两新”组织党建工作专栏，围绕党组织组建、党组织和党员作用发挥、企业发展等内容广泛宣传报道，交流工作经验，

促进“两新”组织党员的教育、管理和服务不断深化。

（二）建立工作指导制度

要结合“两新”组织自身实际，出台一系列关于加强“两新”组织党建工作的文件，明确工作方向，提供有效指导。组建成立“两新”组织党建工作委员会，健全工作机构，落实人员编制，明确职责任务，形成专人抓、专人管的良好局面。严格推行联系点制度，市级党政领导、各县区县级以上党员领导干部和市委组织部班子成员每人联系1－2家“两新”组织，每年深入联系点两次以上，开展调查研究，加强工作指导。各县区委、街道党工委、乡镇党委和市直有关部门党组织也应建立“两新”组织党建工作联系点，经常深入到“两新”组织中去，调研党建情况，掌握工作动态，帮助解决实际问题，推动健康发展。

（三）建立信息通报制度

针对“两新”组织发展迅猛、变动频繁的实际，实行党建工作信息管理“一库（“两新”组织党建工作信息库）、一员（“两新”组织党建工作信息员）、一报（基础数据一季一上报）”制度，实现信息管理的动态化，确保党组织建设情况掌握的及时性和开展工作的计划性和针对性。

（四）建立分级管理制度

为了强化“两新”组织的党建工作，有些地方按照“不漏管、不重管、不乱管”的原则，采取分级管理模式：一是大部分“两新”组织的党组织由所在地的街道社区或乡镇村党组织管理；二是较大规模的由县区委直接管理；三是市级高新技术开发区的“两新”组织的党组织由开发区党工委管理；四是各出租车行党组织由市城市运管处党委归口管理；五是市工商联会员单位中规模较大、党员较多的由市工商联党组管理；六是外商投资企业和规模大、跨地区经营的内联企业党组织由市招商局党组管理。这六大管理模式的运用，明确了管理主体，理顺了隶属关系，形成了齐抓共管的格局。

（五）建立督促检查制度

县（市、区）、乡（镇）以及各主管部门的党组织，要坚持把“两新”组织党建作为提升党建整体水平的重要内容，纳入目标管理的考核要素，建立加强“两新”组织党建的导向机制，每半年召开一次情况通报会，每年召开一次工作推进会，“第一责任人”专题述职，党员群众进行评议，有效促进“两新”组织党建工作各项任务的落实。

六 加强反腐倡廉建设，为非公有制经济组织和新社会组织健康发展保驾护航

“两新”组织的反腐倡廉建设是全社会反腐倡廉工作的重要组成部分，反腐倡廉工作的成效如何，直接关系到党组织在“两新”组织中的形象和地位，关系到“两新”组织的健康发展，关系到反腐倡廉工作的全局。因此，一定要抓紧抓好“两新”组织的反腐倡廉工作，并抓出成效来，取信于社会。

（一）“两新”组织反腐倡廉建设的重要性和紧迫性

1. 加强“两新”组织反腐倡廉建设是密切党群关系的客观需要

开展“两新”组织反腐倡廉建设的目的是要加强党与“两新”组织广大党员和群众的联系，培养良好的党群关系，巩固党执政的阶级基础和群众基础。随着社会主义市场经济进一步发展和完善，“两新”组织的地位和作用越来越明显和重要，客观现实要求必须在“两新”组织大力开展党风廉政建设，以此推动“两新”组织加强党的作风建设和反腐倡廉建设的进一步深入。

2. 加强民营企业反腐倡廉建设是推进“两新”组织党建工作的必然要求

反腐倡廉建设是党建工作的重要组成部分，推进非公有制经济组织党建工作，必须加强反腐倡廉建设。随着我国社会主义市场经济的不断发展和完善，党的领导方式和执政方式必须要发生新的转变，要在继承和发扬党的优良传统和作风的基础上适应新形势、新环境，培养新的良好风气，提高党的凝聚力、战斗力和创造力，树立党在人民群众心目中的优良印象，使人民群众真心拥护、认可和支持。要实现党在非公经济组织的领导，要在非公经济中开展党的工作，推进党的建设，就必须加强反腐倡廉建设工作，通过反腐倡廉建设推进党的建设，增强党组织对非公经济组织的号召力和影响力。

3. 加强“两新”组织反腐倡廉是促进“两新”组织健康发展的坚强保障

民营经济是社会主义市场经济的重要组成部分，在国民经济中发挥着越来越重要的作用。但民营经济是在所有制结构调整过程中生长、发育和发展起来的，拥有较多的自主权，机制灵活，在市场经济的竞争中容易滋生腐败现象。加强反腐倡廉建设工作，一是能够保证党的路线方针政策和国家法律法规在非公经济组织的贯彻落实，保护企业合法权益；二是引导和促进非公经济组织遵守法律法规；三是加强非公经济组织的思想政治工作，为全面可持续发展提供坚强的政治保证。

（二）加强“两新”组织纪检组织建设

加强和完善“两新”组织党组织建设和纪检监察机构，是加强“两新”组织反腐倡廉工作的基础。

1. 结合实际，建立健全纪检监察机构

建立纪检监察机构，对“两新”组织不能搞一刀切，要根据实际分类指导、区别对待。要尽快出台与非公企业党建工作相配套的非公企业纪检工作试行办法，明确非公企业纪检组织设置的范围、标准和条件，使非公企业开展纪检工作有章可循。要根据灵活性和效能性相结合的原则，对于没有条件单独设立纪检机构的非公经济组织，要建立专职纪检委员，主抓反腐倡廉工作。非公企业党组织在开展反腐倡廉建设工作时，可与企业规章制度相衔接，使企业纪检监察工作与企业生产经营管理有效结合，从而发挥整体效能，提高工作质量和效率。要建立和纪检机关的“双重领导”体制相适应的纪检干部“双重管理”制度，在设置工作机构和领导机制时充分考虑到组成人员在企业中的地位和利益保护问题，以便保证非公经济组织纪检机构能够有效地开展工作、充分地发挥作用。

2. 明确任务，充分发挥纪检监察职能作用

科学界定“两新”组织纪检组织的主要职责，是“两新”组织

开展反腐倡廉建设的前提。结合党章规定各级纪委的三项主要任务和履行教育、监督、惩处、保护的职能，“两新”组织纪检组织的主要任务是：

一要维护党章和其他党内法规，检查党的路线方针政策在“两新”组织的贯彻执行情况，积极开展党风廉政教育、党纪条规教育和正反典型教育，不断增强党性观念和遵纪守法的自觉性，提高党员干部廉洁自律和拒腐防变的能力。

二要积极维护“两新”组织的合法权益。

三要加强对企业生产经营事项事前、事中、事后全过程的监督检查，规范企业行为，促进“两新”组织依法行事、合法经营，保证党的政策和国家的法律法规的贯彻实施。

四要严肃党的纪律，对“两新”组织中违反党纪政纪的党员，要依纪依法严肃查处，确保“两新”组织的健康发展。

3. 履行职责，扎实开展纪检监察工作

一要妥善处理好“两新”组织纪委与企业主的关系。要取得他们对开展反腐倡廉工作的理解和支持，做到“目标同向、作用互补、相互监督、共同发展”。

二要对担任党组织负责人的企业主主要采取由同级纪委和上级纪委共同监督管理的体制。企业纪委有权对兼任企业党委书记的企业主的违纪违法行为向上级纪委汇报，由上级纪委实行纪律检查，根据违纪性质和程度，作出相应的纪律处分。上级党委和纪委要保护企业纪委的合法权益，防止发生因遭到打击报复而随意开除或辞退纪委工作人员的情况。

三要积极鼓励和引导从领导岗位退下来尚未到退休年龄的干部特别是熟悉党务工作的干部，到规模以上的民营企业担任党组织领导职务或纪委领导职务，也可以由上级纪委指派机关工作人员做企业党建工作指导员和纪检监督员，加强“两新”组织反腐倡廉工作的组织协调和监督指导。

（三）积极探索反腐倡廉建设的有效途径

“两新”组织反腐倡廉建设必须结合自身的特点，围绕“教育、守法、诚信、制度”四项内容，积极探索新思路、新方法、新途径，创新反腐倡廉建设载体，真正使反腐倡廉建设工作为企业所需要、为党员所欢迎、为业主所理解。

1. 强化党员廉政教育，营造“廉洁经营”的良好社会氛围

“两新”组织反腐倡廉建设必须抓住党员教育这个重点，紧紧依托组织活动，围绕党员在企业中岗位职责的履行来开展。

在教育内容上，要结合企业和党员岗位职责实际，组织党员开展党风党纪教育，不断增强党性观念和党纪国法意识。同时，要注重业务知识的培训和岗位技能的交流，不断提升企业党员的政治业务素质，真正做到有位有为，为企业发展而努力工作。

在教育方式上，要结合企业生产经营实际，以党员干部自学和班组、部门党小组集中学习为主，既方便组织学习，又能使理论学习与岗位要求有机结合，达到学习生产两不误两促进的目的。通过加强党员学习教育，不断提高党员素质，树立党在“两新”组织的良好形象；通过党员的模范带头作用，带动党员身边的员工，加强学习，不断提高，在企业中营造良好的学习氛围，增强企业竞争力和发展潜力，促进企业健康发展。

要大力开展“两新”组织廉政文化建设，切实将廉政文化融入企业文化和制度建设、经营管理中，让企业主、广大党员、员工接

受先进文化理念，营造廉洁经营的良好社会氛围。要创新廉政文化载体，开展形式多样的主题活动，寓教于乐，吸引广大企业主、党员、员工积极参与到活动中来，推动廉政文化深入开展。

2. 完善企业法人内部治理结构，强化企业内部权力运作的监督制约

按照建立现代企业制度要求，鼓励非公经济组织健全法人治理结构，规范企业股东会、董事会、监事会和经营管理者的权利和责任，纪检监察人员要按照有关程序进入企业董事会参与重大事项研究，建立决策、管理和监督相对独立的制衡机制，推动家族制企业向现代公司制企业发展。要突出监督重点，充分运用现代信息技术及其管理系统，加强对企业重组改制时资产评估、产权流转、资产处置等关键环节的监督，实现对岗位、职责、行为的信息化规范管理和企业内部资源的有效控制。完善职工代表大会制度，充分发挥职工群众的民主监督作用。加强内部监管制度建设，不断完善企业经营、采购、销售、项目决算、资金、财务等环节的制度，强化企业自律和内控机制的建设，减少和防止企业失信、失廉行为的发生。

3. 发挥行业协会的监管和自律作用，切实规范非公有制经济组织的经营行为

要继续推进行业协会的改革和发展，进一步落实行业协会的行业自律、代表、服务和协调等职能，发挥行业协会在加强行业自律、促进行业发展、强化行业监管、维护企业合法权益等方面的重要作用，促使企业主树立正确的发展观、经营观和廉洁观，进一步完善行业自律规范，把企业主及管理人员是否遵纪守法、诚信廉洁经营纳入行业管理规定，在企业中倡导守法、诚信、责任等道德规范，自觉维护市场经济秩序。行业协会要建立不良行为记录和信用档案

系统，加强会员企业的管理和监督，强化行业价格自律和服务质量自律，制止垄断行为，打击制售假冒伪劣产品的违法行为，维护市场公平竞争秩序和社会公共利益。要按照政企分开、分类管理、健全自律的原则，改革和完善行业协会的监管方式，健全监督制约机制，促进非公经济组织遵章守法、诚信经营、廉洁办事。

4. 严肃查处官商勾结案件，加大对行贿行为的查处力度

要坚决查处少数领导干部和个别企业主权钱交易、官商勾结的案件，建立健全治理商业贿赂的长效机制。要进一步完善制度规范，严禁权力干预和插手非公经济组织的市场经营活动，严禁领导干部到民营企业投资入股和非法谋取干股、期权，禁止领导干部下海到原任职范围的民营企业任职，减少权力“寻租”机会，防止领导干部“洗钱”行为，努力为企业发展营造一个公平公正、有序和谐的环境。要建立和完善非公经济组织从业人员行为准则和职业道德规范，推进企业信用体系建设。加强行贿犯罪档案和不良行为记录的采集和查询工作，对失信企业实行“黑名单”公示，并运用市场机制和市场规则，加大对企业失信行为的惩戒力度，促进市场交易主体守法经营、诚信交易。

5. 切实加强组织领导，深入推进“两新”组织反腐倡廉建设

各级党委、政府要把推进“两新”组织反腐倡廉作为当前拓展从源头防治腐败工作领域的一项重要工作，放在更加突出的位置，抓紧研究制定加强“两新”组织反腐倡廉工作的指导性意见。各级纪检监察机关要从实际出发，把这项工作纳入到整体工作部署中，统一规划，突出重点，加强指导，稳妥推进。要按照党章、公司法的有关规定，逐步建立健全“两新”组织纪检监察机构，为“两新”组织开展反腐倡廉工作提供组织保障。

第五章

非公有制经济组织和新社会组织中的党组织的活动方式

创新活动方式，探索“两新”组织中党组织和党员发挥作用的有效途径，一直是加强“两新”组织党建工作的重点，直接关系到“两新”组织能否健康快速发展。要坚持做到哪里有“两新”组织，哪里就有党员，就在哪里建立党组织。要把党的组织建设成“两新”组织的战斗堡垒，成为职工群众的政治核心，同时充分发挥党员的先锋模范作用，推动“两新”组织健康当展。

一　党组织开展活动的基本思路

《关于加强和改进非公有制企业党的建设工作的意见（试行)》中指出：“探索开展开放式党组织活动。认真落实党的组织生活制度，督促指导非公有制企业党组织按期换届。创新党组织活动方式，除党章规定的党内活动外，提倡党群活动一体化。推动企业党组织与其他单位党组织开展结对共建活动。提倡开设网上党建园地、网上党校、党建微博、网上论坛等，把党的活动阵地拓展到网络上，增强党组织活动的吸引力和影响力。”这就要求，“两新”组织中党组织要在党的组织活动和党建工作实践中，勇于探索，勇于创新，发动群众，做好各项工作。

（一）创建双向联动“开放型”活动平台

“两新”组织中的党组织，在创建活动平台上，要变“内向型”为“开放型”。突出横向联系、共驻共联、共建共享平台建设，增强党组织活动的活力和影响力。“两新”组织的党组织要改变在会议室活动的习惯做法，尽可能把会议室与经营管理现场、组织内部与外部、阵地与网络相结合，引导党员多方位地参加党的活动，接受党组织的教育管理，促使党员更好地发挥先锋模范作用。

要树立开放的理念，通过加强与所在区域其他党组织的联动和联系，充分整合各方资源，形成党的组织资源和社会资源的良性互动，使党组织的活动内容更丰富。比如，可充分利用社区党建联席会，实现党组织与社区党组织的双向联动。在市场经济条件下，与“两新”组织的多变性比起来，社区是一个稳定的党的工作平台，通过街道党工委的组织协调，“两新”组织积极参与社区共建，主动开展“企业与社区心连心”活动，帮扶社区内的贫困户，为社区下岗职工提供就业岗位，积极参与社区党组织组织的公益活动和社区文化活动。这样，既可以实现“两新”组织党组织与街道、社区党组织的资源整合、资源共享，又可以提高党的工作的有效性，增强党组织的凝聚力和吸引力，扩大“两新”组织的党组织在社会上的影响。还可建立“两新”组织的党组织联席会议，加强这些党组织的横向联系。按行业性质、规模层次或者区域范围等建立“两新”组

织的党组织联席会议，定期组织党组织召开会议，交流党建工作经验做法，共同探讨问题与困难，互相取长补短，同时也可以联络感情，提供合作机会，营造“两新”组织党建工作的浓厚氛围。

（二）创新党组织发挥作用的活动方式与活动载体

“两新”组织的主要任务是提高组织的经营管理水平和经济效益，不断推动组织向前发展。党组织开展活动就不宜采取面面俱到、硬性规定、上下一般粗、左右一个样、整齐划一的僵化方式，而是要针对“两新”组织的实际情况，采取创新、务实、与时俱进的具体方式。一切从实际出发，党员和职工喜欢什么样的方式就采取什么方式，不拘一格；注重活动效果和质量，注重针对性和有的放矢，不拉花架子、不搞虚无缥缈的东西。

新形势下，“两新”组织的党组织在活动载体与活动方式上要做到原则性和灵活性相统一，做到有所突破，有所创新。

一是围绕服务“两新”组织的发展设计活动。定期组织职工代表与“两新”组织的业主、经营者面对面地交流、心贴心地沟通，广泛开展“为‘两新’组织发展建言献策”活动，为“两新”组织领导决策科学化、民主化服务。党委在征得业主同意的前提下，还可以在下属各单位和内部局域网上设立业主信箱，如“董事长信箱”“总经理信箱”，欢迎职工直接向董事长或总经理本人提合理化建议和要求。董事长或总经理在每天上班的第一时间查阅信箱中的来信，并及时作出处理。同时，党委也可以在各单位设立“党群联系信箱”，欢迎职工群众向党组织提出意见和建议。

二是围绕“两新”组织的“急、难、险、重”任务组织活动。把“两新”组织的中心工作作为党组织工作的重心，把经营管理中

的难点作为党组织工作的重点，针对“两新”组织在发展壮大和经营管理工作中面临的一些“急、难、险、重”任务，选准载体，开展岗位竞赛、技术攻关等活动，做到“关键岗位有党员、困难面前有党员、突击攻关有党员，党员带头学习技术、带头研究创新、带头建功立业”。

三是围绕建设和谐“两新”组织安排活动。坚持“以人为本”，把党建工作同人性化管理结合起来，通过建立党组织和党员联系职工、定期走访制度，开展送温暖等活动，帮助职工解决实际困难，增强他们对“两新”组织的归宿感和认同感；充分发挥思想政治工作优势，协调处理好劳资关系，维护各方利益，积极开展建设“和谐（平安）经济组织”活动，推动“两新”组织健康发展。

四是围绕塑造“两新”组织良好形象筹划活动。以“两新”组织文化建设为主线，树立“尊重人、关心人、塑造人”的理念，从物质、精神等各个层面去满足职工不同层次的要求。同时，把党建工作与打造“两新”组织团队精神融合起来，把“两新”组织文化建设与增强组织凝聚力融合起来，充分调动广大职工的积极性，增强“两新”组织发展的动力与活力。通过文化塑造突破“两新”组织的人力资源限制，使“两新”组织既能吸引来社会上的人才，又能留得住、用得好人才。

五是围绕建立一支高素质的党员队伍开展活动。加强对党员队伍的培养教育，为无职党员设岗定责，注重发挥无职党员的作用。探索实行“党员奉献积分制”等办法，鼓励党员参加组织生活、学习科技知识、接受教育培训、立足岗位建功、积极奉献社会。

六是围绕业务工作，改变过去整齐划一、死板封闭的活动模式，适应“两新”组织的特点和具体实际，坚持灵活多样的活动形式，

找准活动载体，努力形成“活动时间业余化，活动内容多样化，活动形式灵活化，组织生活正常化”的组织活动机制。

七是围绕经营管理创新活动载体，开展主题突出、特色鲜明、形式多样的主题教育实践活动，有效发挥党员在“两新”组织经营管理中的表率作用，提高党组织和党员的战斗力。如广泛开展一系列的以党性、党纪、业务知识、法律法规等为主要内容的各类主题教育实践活动。教育实践活动要注意小型、灵活、多样、务实性。所谓小型，就是要根据“两新”组织中党员少的特点，采取相对集中和分散活动相结合的方法，精心组织。一般情况下，以党支部、党小组为单位进行，还可让党员单独完成任务。有重大政治活动，在取得业主的同意后组织全厂或全公司开展活动；所谓灵活，就是开展党的活动要因时因地制宜，灵活安排，不生搬硬套，不墨守成规，不死板或程式化；所谓多样，就是要以多种方式开展活动，如组织集体学习、自学、讨论、辅导、参观访问、文体比赛、演唱会、演讲会、办专栏等多种形式，寓教于文，寓教于乐；所谓务实，就是要务求实效，增强针对性，不搞形式主义，不图虚名，如可以与工会、共青团活动相结合。活动时间上应坚持工作时间与业余相结合，除全厂、全公司活动占用一定的时间外，其他活动尽可能利用工余时间进行。党组织的一些临时性通知和宜于公开的工作项目，尽量不开会，可以用墙报、广播等形式及时传达到党员中去。以丰富多彩的主题教育实践活动激发广大党员争当先锋、敬业奉献的热情，取得广大业主和职工的肯定和支持，以求获得良好的社会效果。

八是围绕强党建、谋发展开辟“两新”组织党建之友、业主论坛、党员沙龙等论坛，加强“两新”组织相关人士沟通与联系，促进上下各方交流，增进党群、劳资互相理解，逐步使进一步加强

"两新"组织党建工作成为业主的共识、党员的强烈期盼，为"两新"组织党建工作的纵深发展营造良好的氛围。

二　党组织开展活动的基本形式

（一）利用信息技术有效开展网络党建活动

现代信息技术特别是网络技术的发展使政党的运行环境发生了变化，信息化渗透到我们社会生活的各个方面，这为政党加强基层组织建设带来了机遇和挑战。为了顺应这一发展趋势，国外一些政党在利用现代信息技术推动政党组织结构由"垂直型"向"扁平型"结构转变，强化基层组织作用的同时，利用信息技术促使基层组织动员方式更加多样化，组织沟通进一步信息化。

德国社民党充分利用网络技术提供的平台，在网上成立"虚拟组织"，以网络为平台开展组织活动，打破了党员参加党内讨论时因时空阻隔使很多党员不便或不能参加的限制。此外，该党还启动了"红色电脑"和"红色手机"计划，把上万个基层组织全部纳入信息网，通过手机向党的各级领导和大部分党员发布消息，从而加强了基层组织中各党员之间意见和信息的交流。

美国的主要政党也在网上成立了"虚拟组织"，设立支部，移居国外的部分党员也可通过网络参与组织生活。

意大利左翼民主党、澳大利亚工党以及荷兰工党等将党员登记表张贴到网上，对党感兴趣的公民可随时在网上办理入党手续和交纳党费，此举程序简单，因而能吸引更多的年轻人加入党组织。

德国基督教民主联盟则通过“网络对话”，增强党员的参与意识，广开言路，调动了基层党员参与组织生活的积极性。

国外政党的以上做法，使得政党基层组织动员方式发生了变化，各基层组织之间以及基层组织内部信息沟通交流更加便利，实现了组织沟通的信息化。

中国共产党作为执政党，党的基层组织也面临着全球化和信息化的冲击和考验。传统党建工作中存在的信息渠道少、效率低、覆盖面窄等问题日益突出，这在基层表现得更为明显。特别是“两新”组织党建和行业性社团党建，面临着党建工作与“两新”组织组织运作、党建工作与行业性社团组织特征的不协调性，发展党员难、党员教育管理难、党组织作用发挥难等客观问题日益凸显。而“网络党建”能有效克服上述的不协调性，有效扩大党的组织覆盖和工作覆盖，为党员参与党内事务、加强党的组织与成员、党员与党员之间的联系和沟通，自主学习党的理论和政策提供了便利。对此，我们应当更加自觉学习借鉴国外政党建设经验，在原有基础上加大“网络党建”的实施力度，加快推进基层党组织工作信息化。

“两新”组织的党建工作，要充分发挥作用，当前一个重要的实现途径，就是要善于借助现代信息网络技术手段，创新载体开展形式多样的网络党建活动，进一步提高党的组织生活效率。

1. 利用互联网加强党员教育

党组织可利用信息网络的特点和功能，设立专门的党建网站和党建网页，进行党组织活动和思想交流。通过精心设计党员教育网站内容，开辟“党员学习园地”“技术咨询”“公告栏”“职工信息”等网页，开通“菜单式教学”和“点播式服务”，及时发布时政要闻、先进典型、便民措施等信息，宣传党的路线、方针、政策，提高党员群众的综合素质。网站还可以开展举办“网上党建论坛”“网上读书活动”“网上征文比赛”“知识竞赛”等活动，用直观生动的多媒体手段，来感染教育党员。利用互联网的信息源，可建立党员教育资料库，使党员上网可方便快捷地查阅到所需资料。以往，党员电教教材播放时间、程序、次数、播放内容等都由专职人员根据党组织的整体情况而定，党员个人没有获得教材和单个收看的可能。可尽快建立以大量教材提供选择为前提，以党员可以在不定时间、不定空间内在网上学习为方式，以针对单个党员思想上存在的问题进行教育为目标，以党员行动上的效果而不以收看次数、收看时间多少为考核标准的全新的党员电化教育方法，把注入式教育改为启发式教育，使基层党员包括“两新”组织党员可以获得大规模的、个别化的、高度参与的党员教育资源。

2. 利用互联网加强流动党员的管理

利用网络高效快捷、具有开放性和交互性、不受时空制约等特点，通过建立“网上党支部”“支部之家”“党员园地”等形式加强对流动党员的管理，使流动党员随时随地都可以在网上开展学习交流、汇报思想和工作情况。

（二）实施“五家”工程

新形势下，面对党建工作的新特点和新要求，“两新”组织的党组织在开展活动中，以固本强基为理念，以“五家”工程为抓手，以发挥作用为目标，引领“两新”组织党建工作驶入“快车道”。

1. 实施“想家”工程，促观念转变

“两新”组织党组织要通过“会议推动、服务感动、典型带动、

教育促动”的“四动”措施，引导“两新”组织业主从不理解到理解，从不支持到支持党建工作的观念转变。让党员和企业主、员工在有困难时都会想到“党组织”这个温暖的家。在此基础上，立足“两新”组织发展进步，进一步发挥党组织的先锋模范作用和典型示范带动作用，建设“两新”组织党建工作示范点。

2. 实施“安家”工程，促覆盖面扩大

在上级党组织的支持协助下，灵活采用联合组建、挂靠组建、招聘组建、派驻组建和源头组建等方式，通过深入细致的思想政治工作和为“两新”组织解危济困、排忧解难的实实在在工作，推动“两新”组织党组织组建工作的顺利实施，促使党组织覆盖面和工作面的不断扩大。

3. 实施“治家”工程，促规范建设

要按照“组建一个，巩固一个，规范一个”的要求，通过实施“治家”工程，推动“两新”组织党建工作纳入规范化、制度化的轨道。一方面建立定期检查考核制度，实行“活动进度榜公布和通报”制度和组建党组织销账制度，强化组织建设。另一方面，通过留存党费补助、经费列支、企业支持等渠道和方式，用于党员活动阵地建设。同时，注重品牌建设，重点培育党建工作典型，总结推广“联建共促”党建工作模式，即联姻院校、共促人才培养，联系农村、共促规范建设，联手商会、共促经济发展。

4. 实施“强家”工程，促素质提升

围绕“建好企业党建指导队伍”“建强企业党员队伍”“建优企业党务人才队伍”的“三支队伍”建设，大力实施“强家”工程，开展有针对性的教育培训活动，提高企业主、党员职工整体素质，增强“两新”组织党建工作的战斗力。

5. 实施“活家”工程，促经济发展

围绕“贴近实际选载体，选好载体促发展”的思路，实施“活家”工程，开展形式多样、丰富多彩的各类活动，激发“两新”组织党员队伍活力，促进“两新”组织党建和经营活动协调发展、同步推进。

（三）积极开展党员主题实践活动

党员主题实践活动是基层党组织在党员教育管理中，有目的、有领导、有计划地组织党员结合行业特点和本单位的工作实际，围绕改革开放和经济建设而开展的一系列旨在增强党员精神文明建设的各种党内活动。党员主题实践活动将党员管理教育的内容、原则、方法融为一体，为党员发挥先锋模范作用提供了广阔的舞台，在党员管理教育和经济建设之间架起了一座桥梁。

在“两新”组织中深入开展党员主题实践活动，要针对“两新”组织党组织和党员分布广，涉及群众切身利益的问题多，党员从业状况、职业构成、活动方式和思想状况复杂多样等特点。党组织要在深入调查的基础上坚持分类指导，针对“两新”组织经营活动的不同特点，开展不同类型的主题实践活动，引导广大党员为群众办实事、干好事。比如，针对部分党员群众观念淡薄、带头作用不强等问题，广泛开展“心系群众、情暖群众、服务群众、争做经营管理带头人”的活动，引导党员做群众冷暖安危的贴心人、帮助企业攻坚克难的热心人、解决复杂矛盾的耐心人、业务技术的领头人；针对“两新”组织存在的党员意识、党性观念淡薄、党员作用发挥得不好等问题，组织党员开展“三展示三服务”活动，即展示党员身份、展示党员作用、展示党员形象，服务职工、服务企业、

服务社会活动。通过实施分类指导，使各个类型的党员主题实践活动针对性更加明确，从而有效提高广大党员投身实践活动的积极性，增强“两新”组织党员主题实践活动的实效。

（四）积极推广“十个一”系列专题活动

为了丰富“两新”组织中的党员的文化生活，提高这些组织党员的党性意识，认真实施创先争优活动，“两新”组织中的党组织可以积极开展“十个一”系列专题活动。

一是开展一次党建工作调研。深入走访调查，做到“五清”，即企业经营状况清、组织设置清、职工人数清、党员数量清、业主身份清，为深入开展党建工作提供依据。

二是上一堂专题党课。围绕当前市场形势、企业发展状况和党组织自身建设等方面的内容，上一次专题党课，使党课教育成为加强企业党建的有效途径。

三是表彰一批先进典型。按照“抓两头、促中间”的思路，选择党建基础好、活动有特色的和党建基础薄弱的“两新”组织作为党建联系点，加强指导，努力把联系点建成党建工作示范点；表彰一批“两新”组织党建工作示范点，开展“先进带后进”“老兵带新兵”活动，通过组织参观学习、邀请共同活动、帮助建设阵地等方式，以点带面，发挥示范点的辐射效应。

四是开展一次真情奉献活动。鼓励“两新”组织党员结合自己岗位实际，带头为社会奉献爱心。

五是召开一次民主生活会。按照统一部署，各党支部应将迎“七一”活动与民主生活会相结合，在“七一”前召开一次民主生活活会，认真分析制约“两新”组织发展的问题，为“两新”组织发展建言献策。

六是发展一批新党员。注重在“两新”组织的生产一线职工、优秀青年职工、优秀管理人员中培养入党积极分子，发展党员。

七是组织一场文艺晚会。结合本地区、本部门的实际，积极开展以“永远跟党走”为主题的革命歌曲演唱活动，进一步增强“两新”组织党组织的凝聚力和向心力。

八是举办一次知识竞赛活动。围绕“两新”组织自身发展的实际，举办“深入开展创先争优活动”党建知识竞赛，更好地了解掌握党建、党史知识的相关内容。

九是制定一套认证标准。围绕“机制运行好、队伍建设好、活动开展好、阵地保障好、工作业绩好”的“五好”目标要求，从领导班子、党员队伍、工作制度、党建活动、活动阵地、经费保障等方面，按照合格、优秀、示范三类要求，分项定标、量化分值、合理设定权重，形成目标管理评分细则，既设定一些一票否决项目，又设定一些加分项目，发挥导向作用。

十是举办一期岗位培训。开展大规模培训活动，开展规模企业、示范点党组织书记培训，同时将培训对象扩大到企业主、“两新”组织党建工作指导员，将培训内容拓展到企业MPA、创新意识等高层次培训，将培训方式拓展到专家授课、外出考察等，增强培训效果，提升党务干部的业务水平。

（五）开展“四好”“六化”活动

结合“两新”组织工作实际，在“两新”组织的党组织中开展

"四好"和"六化"活动，具体内容如下：

1. 开展"四好"活动

一是建设一个好的领导班子，尤其是要有一个好的支部书记。

二是培育一支好的党员队伍。

三是健全一套好的工作制度。

四是形成一个好的工作运行机制。

2. 开展"六化"活动

一是组织设置正规化，消除党组织覆盖空白点和党的工作"盲区"，做到"应建全建"。

二是队伍建设年轻化，吸收青年优秀员工入党，优化党员队伍结构，增强党的朝气和活力。

三是制度建设系统化，从党员教育、管理、发展、支部活动和运行机制等方面制定一系列适应"两新"组织特点的工作制度，管理科学规范，根除"口袋"党员和"档案"党员。

四是阵地建设规范化，凡是设立的"两新"组织党组织一定要达到"六有"，即有党员活动场地、有党支部牌子、有党旗和誓词牌、有支部活动会议记录和党员名册、有党员教育设施和教材、有比较健全的各项工作制度。

五是组织活动经常化，坚持"业余、小型、务实、有效"的原则和"切合实际、灵活多样、积极有效、凝聚人心、服务企业、促进发展"的总体要求，力求活动经常有，活力不间断。

六是工作职能服务化，围绕"两新"组织特点，确立党组织职能，充分体现服务于经济又好又快发展这个中心。

通过"四好"和"六化"活动的开展，进一步巩固"两新"组织党组织的基础，推动“两新”组织党组织的健康发展。

三　争创一流业绩，发挥党员的先锋模范作用

在“两新”组织中，促进党组织履职尽责创先进，广大党员立足岗位争优秀，发挥其示范带动作用，是新形势下党建工作的一项重要内容。“两新”组织的党组织要以党的十八大精神为指导，结合具体实际情况，积极探索新模式，创新方法，做好这项工作。

（一）教育党员立足岗位，争创一流业绩

“两新”组织中的党组织，要教育和指导广大党员，在自己的岗位上发挥先进模范作用。每个共产党员，都要关心“两新”组织的发展，为所在组织发展献计献策，发挥作用，要通过为所在组织发展提一条合理化建议、办一件实事、解决一个实际困难、一季度参加一次奉献日活动、掌握一项先进技术、帮扶一名困难职工、培养一名入党积极分子，形成一套较为规范完善的党员办实事制度。

“两新”组织中的党组织要根据党员所在不同的工作岗位、工作性质、实际能力和工作范围，把需要党员承担和完成的各种生产指标，行政事务、社会工作以及党组织分配的各项工作结合在一起，以责任制的形式落实到每个党员。要求每位党员通过“立足岗位办实事、服务社会做好事”，充分发挥先锋模范作用。

不同行业、不同岗位党员的工作特点不同，承担的职责任务不同，发挥先锋模范作用的具体表现也会有所区别。近些年来，各地党组织在具体实践中，根据党员所处的不同行业、不同岗位的特点，

对党员发挥先锋模范作用提出了不同要求。共产党员的先锋模范作用发挥得怎么样，主要是通过本职工作来体现，用本职岗位上创造的业绩来检验。共产党员要站在改革开放和现代化建设的前列，最基本的要求是：

一是立足本职岗位，埋头苦干，奋发进取，努力创造一流的工作业绩，为周围群众作出表率。

二是使“两新”组织中的党员成为“平常能够看出来，关键时刻能够站出来，危急关头能够豁出来”的模范。

三是通过“两新”组织中党员带头建立“党员示范车间”“党员示范班组”“党员示范岗”“党员责任区”，开展“关键岗位有党员、技术攻关有党员、困难面前有党员，党员身边无事故、党员身边无次品、党员身边无违章”主题实践活动。

四是发挥“两新”组织的党组织的战斗堡垒作用。“两新”组织中的党员要重点在完成经营管理任务、开展技术创新、支持企业改革等方面作出表率。在“两新”组织发展中发挥党组织的作用，其作用主要是通过党员模范地执行国家法律和党的政策，努力完成本职工作，以自身的良好风貌带动员工队伍，促使“两新”组织健康发展来实现的。因此，要教育广大党员在“两新”组织遇到“急、难、险、重”任务时，要挺身而出、冲锋在前，在出现突发事件和劳资矛盾时，站在第一线做好协调工作，维护员工合法权益；在精神文明建设中，率先垂范，给其他员工做出好榜样。

（二）从自己做起，增强党员服务本领和业务技能

“两新”组织中的党组织要在党建工作中，引导党员从自己做起、从岗位做起，比学习、比工作、比贡献，使“争做一流业绩、

争当时代先锋”成为党员的精神追求和自觉行动。“两新”组织中的党组织要带领党员深入群众，认真听取职工群众的意见建议，帮助解决职工群众的困难问题，在同职工群众朝夕相处中增进对职工群众的思想感情、增强服务本领，真正把“两新”组织中的党组织建设成为群众公认、出资人认同的服务型党组织。

党组织要引导党员在促进“两新”组织转变发展方式、实现科学发展中发挥实质作用，广泛开展劳动竞赛、岗位练兵、技能比武，更紧密地结合企业调整结构、转型升级，切实解决影响“两新”组织科学发展的突出问题，为国家“十二五”规划的顺利实施作出应有的贡献。要本着“简便易行、通俗易懂”的原则，设计符合“两新”组织特点的活动主题和载体，尽量简化党组织党员开展活动的程序，更多贴近“两新”组织经营管理实际和工作岗位特点，不断提高党组织促进“两新”组织发展工作的实效。

（三）开展争创活动，发挥党员示范带头作用

近年来，不少“两新”组织的党组织，结合组织实际和党员实际，广泛开展“双强六好”活动，在要求党员发挥示范带头作用方面，动脑筋，想办法，创造了许多行之有效的活动，取得了明显的实效，极大地增强了“两新”组织的党组织和扩大党员的吸引力和影响力。

1. 开展“党员责任区”活动

党员有了“责任田”，使党支部和党员发挥作用有了一个载体，作用更具体化。“两新”组织的党组织要以业务职能为活动区域设立“党员责任区”，按党员归属情况分配各责任区党员，并公布于众。成立“党员责任区”的指导思想是通过党员在责任区内从政治上引

导员工、结合实际开展思想政治工作、倾听员工反映的建议、意见、要求，做好上情下达和下情上达工作，切切实实为员工办实事。通过党员与员工交朋友并从政治上引导他们积极向党组织靠拢，为“两新”组织有效的决策和管理提供依据。

2. 探索实行“党员奉献积分制”

围绕建立一支高素质的党员队伍开展活动。加强对党员队伍的培养教育，为无职党员设岗定责，注重发挥无职党员的作用，摸索实行“党员奉献积分制”，对党员参加组织生活、学习教育、岗位立功、奉献社会、参加公益活动等情况，进行考核，细化管理，为党员“平时工作看得出来，关键时刻冲得出来，危急关头豁得出来”增添动力。

3. 充分发挥党员在“两新”组织管理中的作用

在“两新”组织的经营实践中，党组织要积极推荐党员参与组织经营管理，党员只有在不同重要岗位上发挥着作用，才能影响群众，树立党组织的良好形象。

党组织还应定期分配党员和入党积极分子工作任务，做到“困难面前有党员、关键岗位有党员、突击攻关有党员”，在重大的突击任务中首先组织党员带领群众冲锋在前，攻克难关。以党员在“两新”组织管理中的模范作用，保证“两新”组织的健康发展，更好地维护“两新”组织和广大职工的利益。

4. 把党的关爱带给职工

党组织要发动党员扶贫帮困，根据组织的安排，为有困难的职工送温暖、献爱心，让“两新”组织广大职工真心感到共产党靠得住、信得过，真心感到共产党好。

5. 开展“五大员”活动

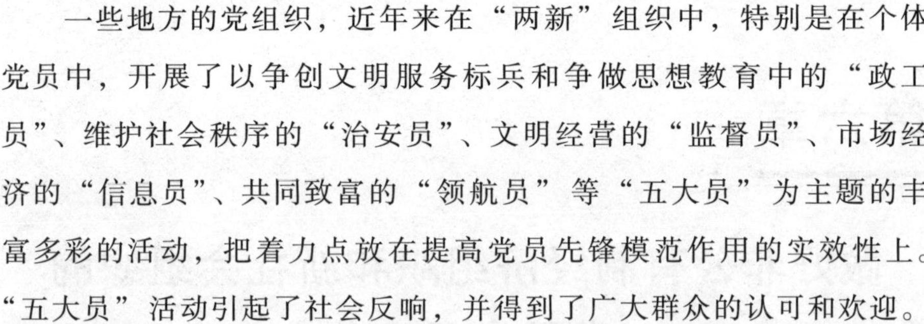

一些地方的党组织，近年来在“两新”组织中，特别是在个体党员中，开展了以争创文明服务标兵和争做思想教育中的“政工员”、维护社会秩序的“治安员”、文明经营的“监督员”、市场经济的“信息员”、共同致富的“领航员”等“五大员”为主题的丰富多彩的活动，把着力点放在提高党员先锋模范作用的实效性上。“五大员”活动引起了社会反响，并得到了广大群众的认可和欢迎。

第六章

做好非公有制经济组织和新社会组织的发展党员工作

做好“两新”组织的发展党员工作，是党的基层组织一项重要的党建任务，它对于加强党的执政基础和执政能力建设，具有“固本强基”的重要意义。在新形势下，做好“两新”组织的发展党员工作，着力解决好工作中遇到的新情况、新问题，确保“两新”组织始终沿着社会主义市场经济方向健康发展，应作为当前需要认真研究和深入探讨的一个重要课题。2014 年 6 月，新修订的《中国共产党发展党员工作细则》颁布实施，把新形势下发展党员和党员管理工作时提出的十六字总要求写入《细则》总则，即“控制总量、优化结构、提高质量、发挥作用”。与原来的“坚持标准、保证质量、改善结构、慎重发展”的十六字方针相比，把“保证质量”改为“提高质量”，把“改善结构”改为“优化结构”，这都意味着，根据党领导的伟大事业的发展，对发展党员质量和整个党员队伍结构的优化提出了新的更高的要求。新十六字方针新增加了“发挥作用”。这意味着要阻止把一些不犯什么错误，但也不起党员作用的人发展入党，要求党员必须发挥新锋模范作用。

党组织还应该按照《关于加强和改进非公有制企业党的建设工作的意见（试行）》的要求重点落实，通过提高思想认识，明确目标要求，加大工作力度，开展深入细致的工作，努力实现职工50人以上的“两新”组织有党员；具备建立党组织条件的“两新”组织，实现党的组织覆盖；因条件暂不具备尚未建立党组织的“两新”组织，要实现党的工作覆盖。通过扎实有效的发展党员工作，为“两新”组织的党建工作增添生机与活力。

一 非公有制经济组织和新社会组织发展党员工作的基本要求

“两新”组织中的党组织，发展党员工作是一件认真严肃而又十分重要的大事，需要严格按照党章和有关文件精神去做。在发展党员工作中，一定要坚持党员标准，坚持原则，注意工作方法，从而积极稳妥地做好发展党员工作。

（一）发展党员要坚持党员标准，严格保证质量

党员标准即党章对党员提出的条件和要求。随着我们党的理论的不断成熟和实践的不断丰富，随着党员队伍的不断壮大、党员队伍建设的不断加强和党员管理工作经验的不断积累，党员标准的内容也不断充实和完善。党员标准由三个方面的内容构成，即申请入党的条件、党员的基本条件、党员的义务和权利。它们互相联系，各有侧重，从不同角度、不同层次规定了党员标准的各个方面，共同构成了党员标准的有机整体。“两新”组织与其他社会组织相比，

有其特殊性，但在发展党员工作上，绝不能因其特殊而降低标准、把关不严，把不合格的人拉入党内。这与党章规定和党的组织原则是格格不入的。

1. 申请入党的条件

党章第一条规定：“年满十八岁的中国工人、农民、军人、知识分子和其他社会阶层的先进分子，承认党的纲领和章程，愿意参加党的一个组织并在其中积极工作、执行党的决议和按期交纳党费的，可以申请加入中国共产党。”这是对党员的起码要求，也是“两新”组织发展党员工作必须遵循的基本前提。

2. 成为党员的基本条件

党章第二条规定：“中国共产党党员是中国工人阶级的有共产主义觉悟的先锋战士。中国共产党党员必须全心全意为人民服务，不惜牺牲个人的一切，为实现共产主义奋斗终身。中国共产党党员永远是劳动人民的普通一员。除了法律和政策规定范围内的个人利益和工作职权以外，所有共产党员都不得谋求任何私利和特权。”这就明确了成为中国共产党党员必需的基本条件。

党的性质和宗旨决定了中国共产党党员，必须信仰马克思主义，全心全意为人民服务，不惜牺牲个人的一切，为实现党的基本路线、纲领和历史任务而奋斗终身；必须坚持党和人民的利益高于一切，个人利益服从党和人民的利益，吃苦在前，享受在后，在遇到困难和危险的时刻能够挺身而出。这不是每个人都能做得到的，只有树立了共产主义的远大理想，信念坚定，愿意脚踏实地为实现党在现阶段的基本纲领而不懈努力的人才能做到。只有当申请入党的人懂得了为什么要入党，并决心为党的事业贡献自己的一切的时候，才能自觉地按照党章规定的党员标准严格要求自己，刻苦学习，积极工作，克己奉公，无私奉献，努力做一个合格的共产党员。

3. 党员的义务和权利

党章第三、四条规定了党员必须履行的义务和享有的权利。每个党员既要严格履行党员的义务，也要认真享有党员的权利。

党员应该履行的义务有：

（1）认真学习马克思列宁主义、毛泽东思想、邓小平理论、“三个代表”重要思想和科学发展观，学习党的路线、方针、政策和决议，学习党的基本知识，学习科学、文化、法律和业务知识，努力提高为人民服务的本领。

（2）贯彻执行党的基本路线和各项方针、政策，带头参加改革开放和社会主义现代化建设，带动群众为经济发展和社会进步艰苦奋斗，在生产、工作、学习和社会生活中起先锋模范作用。

（3）坚持党和人民的利益高于一切，个人利益服从党和人民的利益，吃苦在前，享受在后，克己奉公，多做贡献。

（4）自觉遵守党的纪律，模范遵守国家的法律法规，严格保守党和国家的秘密，执行党的决定，服从组织分配，积极完成党的任务。

（5）维护党的团结和统一，对党忠诚老实，言行一致，坚决反对一切派别组织和小集团活动，反对阳奉阴违的两面派行为和一切阴谋诡计。

（6）切实开展批评和自我批评，勇于揭露和纠正工作中的缺点、错误，坚决同消极腐败现象作斗争。

（7）密切联系群众，向群众宣传党的主张，遇事同群众商量，及时向党反映群众的意见和要求，维护群众的正当利益。

（8）发扬社会主义新风尚，带头实践社会主义荣辱观，提倡共

产主义道德，为了保护国家和人民的利益，在一切困难和危险的时刻挺身而出，英勇斗争，不怕牺牲。

党员享有的权利有：

(1) 参加党的有关会议，阅读党的有关文件，接受党的教育和培训。

(2) 在党的会议上和党报党刊上，参加关于党的政策问题的讨论。

(3) 对党的工作提出建议和倡议。

(4) 在党的会议上有根据地批评党的任何组织和任何党员，向党负责地揭发、检举党的任何组织和任何党员违法乱纪的事实，要求处分违法乱纪的党员，要求罢免或撤换不称职的干部。

(5) 行使表决权、选举权，有被选举权。

(6) 在党组织讨论决定对党员的党纪处分或作出鉴定时，本人有权参加和进行申辩，其他党员可以为他作证和辩护。

(7) 对党的决议和政策如有不同意见，在坚决执行的前提下，可以声明保留，并且可以把自己的意见向党的上级组织直至中央提出。

(8) 向党的上级组织直至中央提出请求、申诉和控告，并要求有关组织给以负责的答复。

在“两新”组织做好发展党员工作，就必须坚持党员标准，就必须严格遵循党章对党员标准的各项规定，任何将这些方面的规定割裂开来、对立起来的做法，强调某些方面而否定其他方面的做法，各取所需、任意解释的做法，都是对党员标准整体内容的贬损和破坏，必须坚决纠正。

（二）发展党员必须坚持慎重的态度

党的建设实践表明，发展党员工作只有采取慎重的态度，才能保证新党员的质量，保持党组织的先进性。正如党的十八大报告中所指出的，在新的历史条件下，我们党当前面临着更为严峻的“四种危险”和“四种考验”。因此，为保持党员队伍的先进性、纯洁性，采取慎重发展党员的方针，对今天党的组织建设更具有重要的现实意义。“两新”组织发展党员工作，既要严格、谨慎，不搞突击，又不能长期停顿；既要经常不断地把具备党员条件的先进分子吸收到党内来，又要注意清理混入党内的投机分子。

在“两新”组织坚持慎重发展党员，要认真做到以下六点：

一是发展党员必须坚持党章规定的党员标准。一定要谨慎，不能马马虎虎，要防止各种投机分子和动机不纯的人混入党内，确保党员的质量和党组织的纯洁性。

二是必须坚持个别吸收的原则，坚持经常性工作，成熟一个，发展一个，既不能搞突击发展，也不能停止发展。要把发展党员工作纳入各级党组织的议事日程加以重视。

三是必须严格执行党章规定的入党程序和新修订的《中国共产党发展党员工作细则》的要求。实践证明，这样做对于保证新党员的质量，保持党组织的先进性和纯洁性，非常重要。

四是发展数量切忌大起大落。积极稳妥地发展党员，有利于基层党组织做好入党积极分子的培养教育工作，有利于入党积极分子的健康成长，对于保证新党员的质量至关重要。

五是要严格考察和审查。接收党员是一项严肃的工作。接收入党积极分子入党必须经过严格的考察和审查，这是保证新党员质量

的基本要求和重要条件。

六是严格履行入党手续。严格履行入党手续，是“慎重发展”的中心环节，也是保持党的先进性和纯洁性的关键环节。

总之，在“两新”组织中发展党员，是一项政治性、政策性很强的工作，必须高度重视，认真对待。“两新”组织中的党组织在进行发展党员工作中，务必要按照十八大党章和党的有关文件中的明确要求，积极稳妥，扎实推进，防止一哄而起，要坚持标准，严格程序，以对党高度负责的工作态度做好发展党员工作，确保党员质量和党的队伍的先进纯洁。

（三）抓好发展重点，形成合理的党员队伍结构

《关于加强和改进非公有制企业党的建设工作的意见（试行）》要求，要“加大在非公有制企业生产一线职工，专业技术骨干及经营管理人员中发展党员的工作力度”。这对于指导“两新”组织发展党员，努力形成“两新”组织中合理的党员队伍结构有着重要的指导意义。“两新”组织党组织在发展党员工作中应从以下几方面来确保党员队伍的合理结构：

首先应重点在经营管理一线员工中的优秀分子、重点岗位和关键岗位上的先进分子中发展党员。这些优秀分子和先进分子是职工队伍中的中坚力量，因此，应把他们做为吸收入党的重点。

其次，基层党组织要注意改善党员的年龄结构，一般向中青年职工倾斜，改善专业结构和知识结构，一般向中高学历和高新技术专业的职工倾斜。要特别重视在工会、共青团、妇联等群众组织负责人和高中层管理人员中发现和培养积极分子，逐步提高群众组织负责人和企业管理层党员的比例。这样，使企业中的党员

队伍形成一个合理的岗位结构、职位结构、年龄结构和专业结构，为党组织合法参与决策、在职工中发挥政治核心作用打好组织基础。

第三，“两新”组织党组织要继续做好在专业技术骨干人员、经营管理人员中发展党员工作。要鼓励他们的创业精神，维护他们的合法权益，激发他们的政治热情；要针对他们的特点，积极主动地开展教育引导工作，不断壮大入党积极分子队伍；要加强在文化素质较高、社会影响较大的先进分子中发展党员工作，发挥其示范引导作用。

（四）积极吸收符合条件的企业出资人入党

《关于加强和改进非公有制企业党的建设工作的意见（试行）》中指出：“注意培养发展符合条件的企业出资人入党。”这就要求“两新”组织中的党组织，在发展党员工作中要把吸收个人独资企业出资人、合伙企业合伙人、公司制企业个人控股股东以及其他类型企业的主要个人出资人中的先进分子，纳入经常性的发展党员工作。吸收企业出资人与业主中的先进分子入党，既要坚持党章规定的党员标准，又要针对其特点，在确定发展对象时，要注意考察他们的入党动机、个人历史、政治表现，特别是在重大政治问题上的表现。

由于在“两新”组织中，企业主和出资人（股东）以及处于核心位置的高层管理人员，利益关系比较复杂，思想政治素质差异比较大，加上企业员工流动性大，使发展新党员的工作面临许多新情况。因此，党组织在企业主和出资人及股东中发展党员，要着重把握好这四个要点：

一是入党动机是否纯洁，申请人是否有全心全意为党的事业真诚奉献的思想和行动。

二是政治立场是否坚定，申请人是否在思想上、政治上与党中央保持一致。

三是财产的来源及处置是否合理，申请人的财产取得是否合理合法，财产的使用是否除了合理的生活需要外，把大部分资金用于扩大再生产和回报社会。

四是经营行为是否合法，申请人是否依法经营，是否诚实守信，是否能够正确处理企业和国家的利益关系、个人和企业的利益关系，是否能够自觉地促进劳资关系的有效改善。

同时，党组织还应注意把握以下具体要求：自觉依法纳税，关心爱护员工，保障员工的合法权益，有良好的公德品行，热心社会公益事业，群众公认；积极建立企业党组织和工会、共青团组织，为其开展工作提供必要条件。

在接收具有企业主、出资人身份的预备党员前，基层党委要将发展对象的有关材料报县一级党委组织部门审查。审查合格后由支部大会讨论，通过后报基层党委批准。对那些所在企业规模较大、跨地区跨国经营或其他情况特殊的发展对象，经支部大会讨论通过后，可以由县级或县级以上党委审批。预备党员转正的审批权限与接收预备党员的审批权限一致。总之，在“两新”组织中发展企业主、个人出资人为党员，是一项政策性很强又十分严肃的工作，党组织必须高度重视，认真对待，坚持标准，严格程序，确保党员质量。

二 做好对入党积极分子和发展对象的考察培养工作

确定入党积极分子，对入党积极分子进行培养和考察，是发展党员中十分重要的一环，也关系到党的兴衰。我党 90 多年的发展历史表明，什么时候注重入党积极分子的培养，党的新生力量的觉悟水平就比较高，党的事业就能兴旺发达；什么时候放松对入党积极分子的培养，党的新生力量就缺少活力，党的发展就会受影响。党组织要始终按照“质量第一”的标准培养、考察入党积极分子，为党的队伍建设与事业发展奠定坚实的基础。根据《中国共产党发展党员工作细则》规定，入党积极分子要经过一年以上的培养教育和考察，在听取党小组、培养联系人、党员和群众意见的基础上，经支委会讨论同意并报上级党委备案后，可列为发展对象。做好发展对象的确定、审查，是保证党员质量的重要措施，是加强党的建设的重要举措。

（一）严格按照程序确定入党积极分子

按照《中国共产党发展党员工作细则》规定，入党积极分子应从已经向党组织提出入党申请书的人员中，即通常所说的“申请入党人”中确定。确定入党积极分子应由党小组或共青团组织推荐，支部委员会（不设支部委员会的应经支部大会）讨论通过，并报上级党组织备案。

党支部确定入党积极分子，不能由党组织的个别负责人指定，应按照一定的程序进行。虽然《中国共产党发展党员工作细则》对

确定入党积极分子的程序没作具体规定，但也提出了一些要求。根据这些要求，各地在探索实践的基础上，逐步形成了确定入党积极分子的程序。一般都是首先由党小组推荐，然后经党支部（不设支委会的经支部大会）讨论决定，方可列为入党积极分子。

基层党组织确定入党积极分子，通常采用以下的具体程序：

一是党组织在确定入党积极分子前，要认真审阅入党申请书，了解申请人的政治倾向、入党动机和对党的态度。

二是通过查阅档案和询问有关知情人，了解申请人成长的经历和思想、工作、学习、作风等方面的情况，以及其家庭主要成员、主要社会关系等方面的情况。

三是跟申请人谈话，鼓励他成长进步，了解他的入党动机和态度。

四是个别听取党员对申请人的评价，征求党小组和支部委员对申请人的评价，征求党小组和支部委员对申请人能否列为入党积极分子的看法。

五是根据申请人的条件和表现确定入党积极分子。确定入党积极分子，一般要经党小组提名，支委会根据申请人的表现，依据入党积极分子的条件讨论确定，在支部大会上宣布，报上级党组织。

“两新”组织的党组织在确定入党积极分子的过程中，还应从实际情况出发，采取不同的形式或创造更好的形式来丰富和完善确定入党积极分子的程序。填写《入党积极分子登记表》，是基层党组织在实践中总结出来的加强对入党积极分子的培养、教育和考察的一种措施，对做好发展党员工作有着积极的意义。目前，绝大多数省（市）都制定了《入党积极分子登记表》。有条件的地方和单位应把填写《入党积极分子登记表》作为确定入党积极分子的程序和内容。但从全国情况看，这不是一种硬性规定和必备的程序。

（二）对入党积极分子进行认真考察

党章第五条中规定：“党的支部委员会对申请入党的人，要注意征求党内外有关群众的意见，进行严格的审查，认为合格后再提交支部大会讨论。”党组织对入党积极分子的表现情况进行定期考察，是保证新党员的质量，防止不符合党员条件的人进入党内的重要措施。对入党积极分子考察的主要内容包括以下几个方面：

一是考察政治立场。着重考察他们在近年来的政治态度，特别是在重大政治活动中的表现。

二是考察思想觉悟。主要看他们入党动机是否端正，是否坚信共产主义，是否树立了全心全意为人民服务的思想，是否有为社会主义现代化建设献身的精神，是否做到个人利益服从党和人民的利益，是否对党忠诚老实。

三是考察工作表现。主要看他们是否认真负责地做好工作，能否努力钻研技术、业务知识，不断提高业务、技术水平和工作能力。

四是考察组织纪律观念。主要看他们能否自觉遵守党纪国法和各项规章制度以及社会秩序、社会公德。

五是考察群众观念。主要看他们能否广泛联系群众，维护群众的正当权益，是否坚持原则，敢于同坏人坏事和不良倾向作斗争。

六是考察入党积极分子本人的历史、家庭主要成员和与其关系密切的主要社会关系情况。

（三）对入党积极分子进行经常性的教育

对入党积极分子进行教育是党组织的一项经常性工作。作为“两新”组织中的基层党组织，要提高对入党积极分子的教育效果，

就需要采取正确的教育方法，注重培养和提高入党积极分子的思想觉悟和政治品质。

一是科学确定教育内容。加强马克思主义基本理论和中国特色社会主义理论体系的教育、理想信念教育、党的基本路线教育、党的基本知识教育、形势政策教育、科学文化教育、专业技术教育、法律知识教育等，拓展入党积极分子的知识领域，全面培养和提高入党积极分子的思想政治素质。

二是吸收入党积极分子有选择地参加党内有关活动。如党课学习、党日活动、优秀党员事迹报告会、发展新党员的支部大会、新党员入党宣誓大会、各种知识竞赛、党员责任区、党员联系户、扶贫帮困等党内活动，使入党积极分子能更直接地了解和熟悉党的生活，同时，培养他们的组织观念，激发他们学习和工作热情。

三是定期组织入党积极分子集中短训，比较系统地向他们进行党的基本知识教育、中国特色社会主义理论教育、共产主义和社会主义理想信念教育、社会主义民主法治教育、科学文化知识教育和当前形势任务教育等，以提高他们的政治思想觉悟和理论水平，提高工作实践能力和为人民服务的本领。在教育形式上可采用上党课、作报告的讲授形式；用典型人物、典型事例来进行教育的示范形式；由党员经常个别谈话进行帮助，启发觉悟的启发形式。还可组织观看有关党的历史的电影、戏剧，参加纪念“七一”大会等辅导性活动。

在新形势下，“两新”组织党组织对入党积极分子进行经常性的教育，其中应主要突出以下内容：

一是进行党的基本理论教育。即进行马克思列宁主义、毛泽东思想、邓小平理论、“三个代表”重要思想和科学发展观的教育。对

入党积极分子进行党的基本理论教育，使他们牢固地树立起马克思主义的世界观，坚定社会主义和共产主义信念，具备更高的理论素养、理论水平和思想觉悟。

二是进行党的基本路线的教育。对入党积极分子进行党的基本路线教育，可以使他们坚定正确的政治方向，树立正确的政治观点，提高执行党的基本路线的自觉性，在实际工作中做到自觉坚持以经济建设为中心，坚持四项基本原则和改革开放两个基本点，坚持自力更生、艰苦创业，在改革开放和社会主义现代化建设的伟大事业中作出更大的成绩。

三是要进行党的基本知识的教育。党的基本知识是以关于党的性质、宗旨、纲领、路线、奋斗目标，实现目标的道路、组织原则、组织纪律以及党的历史等方面的知识为内容的。对入党积极分子进行党的基本知识的教育，可以使他们更正确、更深刻地了解中国共产党的奋斗历程，了解党在社会主义事业中的地位和作用，了解党的纲领和章程，了解党的优良传统和优良作风。

四是进行党员义务和党员权利等方面的教育。目的是使入党积极分子能够了解党员的权利和义务等，自觉地用党员的标准严格要求自己，为早日加入党组织创造条件。

党组织对入党积极分子还要进行形势任务教育、科学文化教育、专业技术教育、法律知识教育等，以拓展入党积极分子的知识领域，全面培养和提高入党积极分子的素质。

（四）加强对入党积极分子的培养

党组织对入党积极分子的培养，是保障新党员质量的重要环节，可主要采取以下五种方法：

1. 指定专人培养

党组织选派与入党积极分子有密切联系、对入党积极分子比较了解、思想觉悟比较高的两名正式党员做其培养人，以经常对入党积极分子进行帮助和教育，并定期把有关情况向党组织汇报。

2. 经常向入党积极分子提要求、交任务

党组织根据工作需要和入党积极分子的实际情况，注意经常地向他们提出具体要求，使他们明确应如何去做，明确前进的目标和方向。有意识地分配给他们一定的工作，特别是一些“急、难、险、重”的任务，激励他们像共产党员那样在工作中发挥先锋模范作用。这有利于入党积极分子在工作实践中、在改造客观世界的同时改造主观世界；有利于入党积极分子用党员的标准去塑造自己，直接感受作为一个党员的责任，增强党员意识，锻炼工作能力；有利于入党积极分子更密切地联系群众、更多地接触社会，从而使他们尽快地成熟起来。

3. 定期分析入党积极分子情况

党组织应每季度通过党小组、培养人了解入党积极分子的情况，也可向其他党员和群众了解入党积极分子的情况。肯定他们的成绩，指出不足和努力方向。在此基础上进行认真分析，研究如何搞好培养工作。

4. 经常听取入党积极分子的汇报

要求入党积极分子定期向党组织汇报自己的思想、工作、学习等情况。党组织根据听汇报掌握的情况，提出具体要求和努力方向，激励他们发扬成绩，改正缺点，不断进步。

5. 坚持分层次培养

根据入党积极分子的成熟程度，可将其分为一般培养对象和重点培养对象以及近期发展对象等不同的层次，并根据不同情况，有针对性地进行培养。

（五）确立发展对象的基本要求

经过党组织一年以上培养教育，在听取党小组、培养联系人和党内外群众意见的基础上，经支委会（不设支委会的支部大会）讨论，认为基本具备了党员条件，并列入发展计划，准备近期发展的入党积极分子，在发展前称作“发展对象”。

1. 成为发展对象的条件

入党积极分子要成为发展对象，须符合以下条件：

（1）必须是经过一年以上培养教育的入党积极分子。

（2）政审必须合格，有符合实际的政审报告。

（3）参加了党组织举办的短期集中培训，经考核成绩合格，基本掌握和理解党的基本知识。

（4）本人对入党有迫切要求，对党有正确认识，入党动机端正。

（5）工作中一贯表现好，基本符合党章第一、二、三、四条规定的党员标准。

2. 确定发展对象的一般程序

根据《中国共产党发展党员工作细则》规定，确定发展对象的程序一般是：

（1）党支部委员会详细听取培养联系人对入党积极分子培养过程的汇报及其意见。

（2）党支部听取党小组的意见，但这不是发展党员必需的程序和手续。

（3）凡是团员准备列入发展对象的要听取团组织的意见。

（4）党支部以公示或其他形式（如开座谈会、个别谈话等），广泛征求党内外群众意见。

（5）党支部审阅入党积极分子档案材料。

（6）支委会讨论通过。支委会形成统一意见，明确发展对象，并报上级党组织审查确定。

3. 确定发展对象应注意的问题

基层党组织在确定发展对象时应注意以下两个问题：

一要坚持党章规定的党员标准。有人认为，确定发展对象又不是确定党员，标准低一点也没关系，其实这种想法是片面的。确定发展对象时就应按照党章规定的党员条件全面衡量，看入党积极分子是否基本具备了党员条件。特别是在新形势下，不能用其他标准代替党员标准。

二要严格按照规定的程序办事。不少“两新”组织的党组织在确定发展对象的程序上进行了积极探索，增加了一些程序，采取了一些新的办法，如实行了公示制、票决制、责任追究制等，对保证发展对象的质量起到了很好的作用。这些做法只要不违反党章和有关规定，都是允许的，有的还是应该鼓励和支持的。但要注意，一定不要太繁琐，最好是既简便易行，又能保证确定的发展对象不出问题。

（六）对发展对象进行政治审查

基层党组织要对要求入党的积极分子的本人历史和政治表现进行了解，确定为发展对象后，要进行政治审查。政审工作一般应由基层党组织负责进行。在进行这项工作时，可以派党员前去调查，也可以发函请有关单位的党组织协助调查。有些政审工作，由于情况特殊，也可以由上级党组织负责进行。政治审查的基本方法有：同本人谈话，查阅有关档案材料，找有关单位和人员了解，以及必要的函调或外调。在听取本人介绍和查阅有关材料后，情况清楚的可不再函调或外调。凡没有经过政治审查的，不能发展入党。

基层党组织还要对计划发展对象写出政审综合材料。政审综合材料是在调查、考核的基础上对发展对象作出全面评价的重要材料，也是上级党委审批党员的主要依据之一。因此，当入党积极分子被列入发展计划后，党支部委员会应及时把他的全部情况综合起来形成材料，以备讨论其入党时向党支部大会报告。

对发展对象进行政审时，经过党组织同发展对象本人谈话，查阅档案和其他有关材料，找本单位有关人员了解后，仍有某些重要情况不清楚的，可以向外单位的有关人员进行函调或派人外调。函调或外调的问题必须是与发展对象能否入党密切相关的。没有多大关系的问题和一些不必要搞清楚的细枝末节，不必进行调查。

（七）对发展对象进行短期集中培训

党组织对发展对象在入党前进行短期集中培训，也是发展党员工作中一道必不可少的程序。按照党章及党的有关规定，基层党组织要对发展对象进行短期集中培训，具备党员条件且培训成绩合格者，可以被吸收为预备党员。没有经过短期集中培训，或者成绩不合格者，不能被发展为预备党员。这是保证新党员质量的重要措施，也是党组织进一步考察入党积极分子的重要方法。

1. 培训内容

党组织对发展对象进行短期集中培训的主要内容是：学习党的基本理论、基本路线、基本纲领、基本经验和基本知识，也可以结

合当前党的重大政治事件，学习党的有关决议、党的重要领导人的重要讲话等，还可以结合当前国际、国内的重大事件，对发展对象进行形势和任务的教育等。

2. 目的与方法

基层党组织对发展对象进行短期集中培训的目的，是使发展对象进一步加深对党的认识，端正入党动机，争取早日入党。对发展对象进行短期集中培训，通常要做好以下工作：一是摸清培训对象的情况，以便在培训人员、培训内容和培训方法上更有针对性，起到更好的培训效果。二是采取灵活多样的培训形式，可根据培训对象的特点，适当地安排自学、讨论、集中学习、参观党的有纪念意义的革命圣地、组织考试等形式的培训，以增强培训的活跃气氛和培训对象的学习兴趣。三是注意检查培训效果，可组织各种形式的考试或考核，检查培训效果。四是加强对短期培训的领导，逐步建立起短期培训制度。

三　做好对预备党员的教育与转正工作

党章规定，预备党员的预备期为一年。发展的新党员要实行一年预备期。在预备期内，党组织应当认真履行对预备党员继续考察和教育的职责，帮助预备党员提高思想政治觉悟，增强党性修养，进一步树立正确的世界观、人生观、价值观，树立党员责任感和使命感，促使他们成为合格党员，并按照党章和《中国共产党发展党员工作细则》规定的程序使符合条件的预备党员能够及时转为正式党员。

由预备党员转为正式党员的同志，一定要把入党作为自己继续前进的新起点，更加严格地用党章规定的党员标准要求自己，努力实践自己的入党誓言，使自己无愧于党组织的培养和教育，无愧于共产党员的光荣称号，做一个合格的共产党员。

（一）加强对预备党员的管理

入党积极分子成长为一名预备党员，虽然接受了党组织大量的培养教育工作，并按照党章规定的程序履行了入党手续，他们当中绝大多数人已经或基本具备了共产党员的条件，但是组织上入了党并不等于解决了思想上入党的问题。一般来说，这些申请入党的入党积极分子成为预备党员之前，党组织对他们的教育属于党外教育，这同在党内直接对党员进行的教育相比，在程度上、内容上、要求上都有较大差别。这些要求入党的积极分子离一个合格共产党员的标准还有一定差距。因此，还需要党组织进一步对他们加强教育和管理，特别是让他们能有更多地经受党内生活实际锻炼的机会，使他们熟悉党内政治生活、组织生活的基本原则，提高正确行使党员民主权利的能力，强化党员意识，增强履行党员义务的自觉性，自觉地按照党员的标准严格要求自己，不断提高自己的素质，从而懂得怎样更好地发挥党员的先锋模范作用，真正成为一名具有共产主义觉悟的工人阶级先锋战士。

对预备党员，履行党组织的管理职责，需要以制度加以保障。党组织对预备党员的管理制度包括以下三项内容：

1. 入党介绍人或培养联系人责任制

发展对象成为预备党员后，入党介绍人应继续担负起对其进行帮助提高的责任。要经常找其谈话，传授党内的规矩，了解工作、

学习情况，肯定工作中取得的成绩，指出存在的缺点和不足，促使其正确认识自己，处处严格要求自己，真正具备党员条件。

2. 预备党员汇报制度

要求预备党员每月要向党小组、每季度要向党支部汇报一次思想、工作情况。党支部、党小组要针对预备党员汇报的情况提出严格的要求。

3. 考察鉴定制度

党支部每季度、党委每半年要对预备党员进行一次全面考察。要将考察的情况作为预备期满能否转正的依据，并要同预备党员本人见面。

（二）加强对预备党员的教育和锻炼

党委对党支部接收的预备党员批复后，党支部应召开支部大会向全体党员公布，同时要将其编入党小组，使其尽快得到党内生活的教育和锻炼。

加强对预备党员进行教育和锻炼，是做好发展党员工作，保证新党员质量的重要环节。党组织应从实际出发，有针对性地抓好以下工作：

一是加强对预备党员的教育，使他们进一步坚定共产主义信念，端正入党动机，自觉按照党员标准严格要求自己。

二是给预备党员分配适当的社会工作和群众工作，使他们在工作实践中经受锻炼，树立全心全意为人民服务的思想。

三是及时了解预备党员的思想、工作、学习和履行党员义务的情况，并要求他们经常向党组织汇报。对他们存在的缺点及时进行批评和教育，帮助他们改正。

四是要求预备党员的入党介绍人继续担负培养联系人的责任，督促和教育预备党员按照共产党员标准严格要求自己。

对预备党员的教育一定要紧密联系实际，做到有的放矢。基层党组织可利用基层党校对预备党员进行培训，也可以定期把预备党员组织起来单独上党课，还可以根据预备党员的职业、年龄、文化程度、职务等情况，分对象、分层次地进行教育。还可采取定期找预备党员谈话的方法进行教育。要不断改进对预备党员进行教育的方法，增强针对性，提高教育的效果。

预备党员转正前，党组织还应通过上党课或集中办班的方式，对预备党员进行系统培训。培训结束要进行考试，并将学习成绩作为预备期满能否转正的依据之一。预备党员的培训和党的基础知识掌握情况由支部书记负责填入《预备党员考察表》相关栏内。

作为“两新”组织中的党组织，要在对预备党员的教育锻炼中，结合企业的实际，在工作实践中锻炼预备党员的党性，给他们分配适当的社会工作和群众工作。用交任务压担子的方法，帮助他们树立全心全意为人民服务的思想。用这种办法教育预备党员，要注意把握以下几点：

一是分配任务要适当，不要把那些经过预备党员努力也无法完成的任务交给他们承担。

二是要经常了解他们完成任务的情况，帮助他们出主意、想办法，解决实际困难，不能撒手不管，也不能包办代替。

三是要着眼于提高，分配给他们较繁重的工作任务，不是为了压倒他们，而是为了提高他们的工作能力以及工作的自觉性、积极性和创造性，改进其思想作风和工作作风。

（三）对预备党员进行严格考察

党章规定，党组织对预备党员应当认真教育和考察。在对预备党员进行党内生活的教育和锻炼的基础上，党组织还要切实做好预备党员的考察工作，使其预备期真正发挥作用。考察工作中要注意以下几点：

1. 党支部要找本人谈话

在党支部大会向全体党员公布预备党员后，党支部就要找预备党员本人谈话。与预备党员的谈话应由支部书记或支部组织委员进行。谈话内容主要包括：预备党员的入党时间、预备期限、预备期中应注意的问题、党的生活有哪些制度、交纳党费的规定、编入哪个党小组及党支部、当前的主要任务和工作计划等，以便预备党员能够立即参加组织生活，接受党组织的帮助和监督，更好地完成党组织分配的工作。

2. 党支部委员会制订对预备党员的培养措施

支部委员会经过集体讨论制订的培养措施要具体可行，因人而异，有针对性。措施制订后由支部组织委员负责填《预备党员考察表》。此表由支部保存，待预备党员期满后，会同其他有关材料一并上报党委，作为预备党员能否转正的依据材料之一。

3. 党支部要确定预备党员预备期的培养联系人

预备党员的培养联系人一般由预备党员的入党介绍人担任，这样便于前后培养工作的衔接。如果入党介绍人工作调动或已不宜做联系人，可指定其他正式党员担任。培养联系人要充分利用与预备党员共同劳动、工作、学习和参加组织活动的机会，有意识地对其进行党规党纪、党内政治生活和组织生活的基本原则、履行党员义

务、发扬党的优良传统作风等方面的教育，帮助其增强党性观念和组织纪律观念：要经常找预备党员谈心，了解其思想动态、工作表现和履行党员义务情况，从中考察其政治觉悟、思想作风、组织纪律性和原则性等方面的情况，并及时转达党内外群众的意见和反映，及时指出其缺点、错误，使之明确努力方向。

4. 党支部要定期对预备党员进行考察并作出鉴定

对预备党员的考察、鉴定，由培养联系人、党小组和党支部分别负责。在党委审批后，从党支部大会通过之日起，每三个月进行一次。考察、鉴定结果由培养联系人、党小组长和支部书记分别填入《预备党员考察表》中。

5. 党支部要听取预备党员汇报思想、工作、学习情况

预备党员要每半年以书面形式向支部汇报一次思想、工作、学习等方面情况。汇报要实事求是，对自身成绩、缺点的认识和评价要恰如其分，不要夸大或缩小。党支部收到预备党员的汇报材料后，应安排其培养联系人把汇报材料的内容认真抄写在《预备党员考察表》的相关栏内，并有针对性地对其帮助教育，既要肯定成绩和进步，也要指出缺点和不足，帮助其研究改进的办法，提出明确具体的要求。

6. 对长期在外工作的预备党员的教育考察

对长期在外工作的预备党员，党组织更应当重视做好教育考察工作。预备党员外出应将党的临时组织关系（时间超过三个月的）或将党的正式组织关系（时间超过六个月的）转到他所在地方或单位党组织，参加组织生活，接受组织的教育和考察。无法转移组织关系的，党组织要根据具体情况，采取有针对性的措施，加强同他们的联系，要求他们定期向组织汇报思想、工作等方面的情况，及

时向他们传达党的组织决定和党的有关文件精神，提出学习要求并进行检查。预备党员预备期满，他的正式组织关系所在党组织应根据本人的申请，按期讨论他的转正问题。

（四）按党章规定程序将预备党员转正

预备党员预备期满进行转正，必须严格按照党章和《中国共产党发展党员工作细则》规定的手续办理。预备党员转正的手续和程序是：本人提出书面转正申请；党小组提出能否按期转正的意见；党支部征求党内外群众的意见；支委会审查；支部大会讨论、表决通过其能否按期转正的决议；报上级党组织审批。

1. 预备党员本人申请

预备党员预备期满时，应由本人主动地以书面形式向党的组织提出转为正式党员的申请。申请报告的内容应包括：一是说明自己是什么时候被批准入党的，什么时候预备期满，并正式向党组织提出转正申请。二是对自己在预备期中的表现作出比较全面的总结，写明当前的主要表现，有哪些提高，还有什么缺点和不足，特别是同志们在讨论自己入党时所指出的缺点，在预备期间有没有改正，具体表现是什么，写出今后的努力方向。转正申请的内容必须实事求是，转正申请报告一般应在预备期满前的适当时候交给党组织。

2. 党小组讨论

党小组对组内预备党员的情况比较熟悉，对预备党员的教育和考察也做了一定的工作，党小组应该进行讨论，提出对预备党员能否转为正式党员的意见，供党组织参考。

3. 党支部审查

党支部审查时，主要根据预备党员的转正申请报告、党小组的

意见、党内外群众的反映和党组织委员会的考察了解，对照党员条件，全面分析研究预备党员能否转为正式党员，提出意见，提交支部党员大会讨论。

4. 支部党员大会讨论

支部党员大会讨论预备党员转正，要遵循一定的程序。

一是申请转正的预备党员汇报自己在预备期间的表现，主要优缺点，今后努力方向，以及需要向党组织说明的问题。

二是党小组介绍预备党员在预备期间的思想、学习、工作情况和小组意见。

三是党组织委员会介绍预备党员在预备期的表现，党组织对其进行的教育和考察工作情况，提出其能否转为正式党员的意见。

四是全体党员讨论，主要是针对预备党员在预备期间的表现，肯定优点，指出缺点，提出希望，并表示是否同意考察对象转正的意见，在此基础上，有表决权的党员进行正式表决。

五是支部党员大会以后，党组织委员会要将支部党员大会决议填入预备党员的《入党志愿书》，党组织书记签名盖章，写明年月日。支部党员大会决议的内容包括：预备党员在预备期间的表现，支部党员大会讨论的情况，对预备党员的意见，表决情况。

召开预备党员转正支部大会时，预备党员本人必须参加，如果本人因故不能出席，应延期讨论。预备党员的入党介绍人一般情况下应尽可能参加会议，因故确实不能出席会议的，支部党员大会可以照常讨论其转正问题，并作出决议。支部大会表决预备党员能否转正时，赞成人数必须超过应到会有表决权党员的半数，才能作出同意预备党员转正的决议。如果赞成人数正好为有表决权党员的半数，应针对不同情况采取相应的处理方式。如果因党员对申请转正

人的某些问题不清楚而出现意见不一致，党组织应介绍有关情况或加以说明，然后再表决；如果预备党员不完全具备党员条件，党员对其能否转正有意见分歧，可以作出延长预备期的决议；如果支部大会上提出新问题，一时难以弄清，可暂停休会，待查清问题后，在下一次支部大会上再讨论、表决。

5. 报上级党委审批

上级党委接到支部上报的预备党员转正决议后，要指派专人对预备党员进行全面考察了解，然后召开党委会集体讨论表决、决定。审批结果要及时填入申请转正人的《入党志愿书》，并通知党支部。预备党员转正后，应将其《入党志愿书》、入党和转正申请书、自传、政审材料、教育考察的材料，交党委存入本人人事档案。无人事档案的，建立党员档案，由所在党委保存。

党委讨论审批后，将审批结果通知党支部，党支部要在党员大会上宣布。支部书记要同新党员进行一次认真的谈话，提出新要求，鼓励转正党员进一步严格要求自己，发挥先锋模范作用，争做优秀共产党员；对延长预备期和被取消预备党员资格的，要做好深入细致的思想工作，正确引导他们，不要气馁，继续努力。

（五）延长预备期与取消预备党员资格

根据党章的规定，有些预备党员虽然预备期满，但不能转为正式党员，要延长预备期，有些甚至要取消预备党员资格。党组织要根据具体情况，采取相应的组织措施。

1. 延长预备期

对尚不具备党员条件，需要继续考察和教育的预备党员，可以延长预备期。延长预备期只能有一次，并且延长的预备期不能少于半年，最长不超过一年，延长期满不能再延。延长预备期不是党的纪律处分，是党组织对预备党员进行管理的措施之一。延长预备期适用于有以下几种表现的预备党员：

一是入党时基本具备党员条件，但入党后不能严格要求自己，在思想、工作、学习等方面出现一些较严重的缺点，在群众中影响不好，经党组织指出后，愿意改正的。

二是入党时有某些缺点，在预备期期间转变不大，但本人愿意继续接受党组织的教育和考察的。

三是入党后犯了一般性错误，本人检查认识深刻，下决心改正错误，并且有可能达到党员条件的。

四是入党后虽然一般表现尚好，但政治素质较差，党组织认为应该继续进行教育和考察的。

五是由于其他原因应该继续教育和考察的。

2. 取消预备党员资格

对不履行党员义务，不具备党员条件的，应当取消预备党员资格。取消预备党员资格不是党的纪律处分，而是保证新发展党员质量的一种措施。取消预备党员资格适用于有以下表现的预备期满或延长预备期满后的预备党员：

一是严重违法乱纪，品质恶劣的。

二是入党动机不纯，有严重的个人主义，思想、作风不好，在党内搬弄是非，搞不团结的。

三是预备期期间犯有错误，又拒绝检讨和改正的。

四是思想觉悟低，不愿意履行党员义务的。

五是延长一次预备期，仍没有转变的。

党组织在决定延长预备党员预备期或取消预备党员资格，必须

经支部党员大会讨论、决议，并报上级党组织审查批准方能生效。召开支部党员大会的程序和方法与上面谈到的预备党员转正支部大会基本相同。同时，要向本人说清被延长预备期或取消预备党员资格的原因，帮助他分析和找出产生缺点和问题的根源，并制订改正缺点的措施。要向他进行怎样做一名合格共产党员的教育，使延长预备期的预备党员能够向着党员条件努力按时转为正式党员，使被取消预备党员资格的人认真学习，努力工作，积极创造条件，争取再加入党组织。

第七章

加强非公有制经济组织和新社会组织党务工作者队伍建设

扎实、有效地推进“两新”组织的党建工作，党务工作者的素质和工作能力是关键因素。“两新”组织的党组织能否赢得业主的尊重和信赖，在职工群众中有没有威信和号召力，能否带领广大职工群众为“两新”组织的发展壮大、为党的方针政策的贯彻落实卓有成效地开展工作并取得成绩，关键取决于党组织有没有一支素质高能力强的党务工作者队伍。因此，必须把党组织中的党务工作者队伍建设，作为“两新”组织中党建工作的中心环节和核心问题来抓，并一抓到底，抓出成效来。

一　非公有制经济组织和新社会组织的党组织负责人的选配

在“两新”组织中，党组织及其负责人的实际地位，与国有企业相比，有着较大的不同。这种状况给党组织开展活动造成了相当

大的制约。在这种情况下，要发挥好党组织的作用，党组织负责人的选配工作就显得十分重要，是党建工作能否有效开展的关键环节。

（一）“两新”组织的党组织负责人的选配标准

党建工作的成效如何，关键要看党组织负责人带头作用发挥得如何。在“两新”组织中，有了党性强、有能力、与时俱进、勇于创新的书记和坚强有力的党组织领导班子，就可以真正对本单位业主发挥团结、教育、引导作用，在本单位职工中真正发挥政治核心作用。因此，抓好新形势下“两新”组织的党建工作，首先要选配好党组织的负责人。由于“两新”组织的党组织负责人也是党的干部队伍的组成部分，因此在选配时也要坚持党的干部政策中的“四二”标准和德才兼备原则，认真把关，选优配强。针对在“两新”组织中开展党建工作的特殊需要，重点要根据以下几项标准来考虑党组织负责人的人选。

一是政治信念坚定，党性观念强，组织协调能力强，熟悉并能够认真贯彻执行党的路线、方针、政策和国家的法律法规。

二是要了解并掌握党的基本知识，有一定的政治理论水平和党务工作经验。

三是在党员和职工群众中有一定影响和威望，群众观点鲜明，能够密切联系职工群众，善于做群众工作，能够调动广大党员和职工的积极性，团结和带领全体职工开展工作。

四是政策观念强，政策水平高，既能够坚持原则，又能够灵活应变，善于协调“两新”组织内部各方面关系，既能与“两新”组织投资者和经营管理者合作共事，又能监督“两新”组织依法经营和维护员工合法利益。

五是了解一定的社会主义市场经济知识和现代经营管理知识，掌握适应“两新”组织发展需要的必要的科技知识和岗位技能。

六是在“两新”组织中处于经营管理决策层的位置，或担任中层以上管理职务，或是“两新”组织主要业务的骨干。

七是有一定的社会阅历和社会活动能力，善于取得上级党组织和政府有关部门对工作的指导和支持，能够帮助“两新”组织协调与社会有关部门的关系。

八是原则上必须与“两新”组织业主没有直系亲属关系。

实践证明，党组织负责人选得好，党组织的作用就发挥得好，在“两新”组织中带领党员做好党建工作就能取得突出的成效。

（二）“两新”组织的党组织负责人的选配方式

在“两新”组织的党组织组建的初期阶段，要物色到各方面条件都具备的党组织负责人，往往比较困难。在这种情况下，采取组织推荐、双向选择的办法，从“两新”组织外物色合适人选就成了一条重要的选人渠道。但是，只要条件成熟，“两新”组织的党组织负责人则应尽量从“两新”组织内部产生。总起来讲，“两新”组织的党组织负责人的产生方式，主要有以下几种：

1. 通过选举产生

当一个“两新”组织中有符合条件和标准的党组织负责人人选时，则应召开该企业全体党员会议或党员代表会议，按照党章规定的程序和办法，先在企业党员中确定候选人，最后通过选举产生党组织负责人。这种方式最符合党内民主原则，也符合“两新”组织党建工作的发展趋势。

2. 通过选派产生

通过选派产生“两新”组织的党组织负责人，是指地方党委在与业主协商同意后，从县（区）、乡镇、村、街道的党组织中推荐党性观念强、政策理论水平高、思想作风好、有开拓意识和进取精神、有一定文化知识和业务水平的优秀党员到“两新”组织去担任党组织负责人。

3. 通过推荐产生

推荐产生“两新”组织党组织负责人，是由党的组织、人事、劳动部门通过人才市场和职业介绍中介机构，根据“两新”组织的需要，从大中专毕业生、军转复退军人以及国有企业下岗分流的干部中有觉悟、表现好、懂经营、善管理、有技术的党员推荐到“两新”组织中去。这样，既可以壮大党的力量，又可以从中选拔一些优秀党员进入党组织领导班子。

4. 通过储备产生

为了拓宽“两新”组织的党组织负责人的选拔渠道，不少地方的组织部门专门建立了“两新”组织党组织书记“人才库”，经组织推荐和双向选择，从“人才库”中输送大批“人才”到“两新”组织任党支部书记。这是新形势下党建工作创新的一种有益形式。

5. 通过竞聘产生

这种方式是指“两新”组织在地方党委组织部的支持下，公开向社会招聘专职党务工作者。为确保质量，要求应聘人员要有本科学历，政治学等相关专业毕业；经过专业培训，持有政工师职称证书；年龄在38岁左右，至少从事党务工作3－5年；政治素质好，敬业精神强的资格条件。同时规定，必须经过初试和复试两道程序才能确定录用人员。实践证明，通过这种渠道和方式产生“两新”

组织的党组织负责人，可以有效地提高“两新”组织党员队伍的素质，优化“两新”组织党员队伍结构，还可以有效防止“两新”组织的党组织“家族化”。

（三）正确认识和处理三个关系，提高党组织领导班子的思想素质

党组织领导班子的能力素质决定着党的路线、方针、政策的贯彻执行和党建工作的发展，抓好党的各级领导班子建设是做好党务工作的核心环节。新形势下，要扩大“两新”组织中党组织和党的工作的覆盖面，就要以思想政治建设为重点，全面提高“两新”组织中的党组织领导班子的整体素质。对“两新”组织党组织领导班子思想政治素质的要求，主要体现在正确认识和处理好以下几个关系：

1. 正确认识和处理公私关系

改革开放以来，随着多种所有制经济的兴起和发展，在我国的社会关系和社会矛盾中，公私关系和公私矛盾日益广泛和大量地表现出来。公私关系集中地表现为公有制经济和非公有制经济、私营经济与国有经济的关系。在实际工作中，“两新”组织的党组织直接和直观地面临着大量的公私关系问题，必须牢固树立执政意识和发展意识，从讲政治的高度正确地认识和处理公有制经济与非公有制经济的关系。要清醒地认识到，公有制是社会主义经济制度的基础和社会主义制度的经济基础，非公有制经济是我国社会主义市场经济的重要组成部分，公有制经济与非公有制经济之间既有居于主流的互补、互利、互相协作和融合的一面，也有互相竞争的一面，有时还存在互相损害的一面。因此，对非公有制经济的发展一方面要积极鼓励，另一方面必须加强引导和监督，使之向有利于社会主义

的方向长期、稳定、健康地发展，把坚持党的领导和社会主义发展方向与促进非公有制经济的健康发展统一起来。

2. 正确认识和处理劳资关系

由于非公有制经济的迅速发展，劳资关系问题与贫富差别现象随之产生，并日益广泛和复杂化。我们党作为执政党，要巩固党的阶级基础，要代表大多数人的利益，必须正视和处理好这种关系和矛盾。“两新”组织的党组织正好处于协调劳资关系的核心位置上，首先必须对现阶段“两新”组织劳资关系和矛盾有一个正确的、清醒的认识，其次必须根据党的方针政策在协调关系和处理矛盾中发挥积极作用。党组织要通过协调、引导、监督等一系列工作，致力于营造合作型、双赢型的劳资关系，形成劳资双方共谋“两新”组织发展的良好气氛，既要尊重和保护投资者的合法利益，同时还要实现好、维护好职工群众的合法权益。对于“两新”组织中各种非法侵害国家利益、职工利益、企业利益和社会利益的行为，“两新”组织的党组织都要坚决反对。

3. 正确认识和处理党群关系

在“两新”组织设立党组织，使党与“两新”组织中广大群众之间的关系，集中地体现到“两新”组织中党组织与职工群众之间的关系上来。由于“两新”组织内部存在着劳资矛盾，因而“两新”组织的党组织处理党群关系问题就显得比较复杂。一方面，党的工人阶级先锋队性质，决定了“两新”组织的党组织必须把维护职工合法权益、教育和组织职工群众作为突出的任务来抓，必须坚持全心全意依靠职工群众的方针，使自己成为职工群众的政治核心。另一方面，适应党巩固执政的群众基础的需要，“两新”组织的党组织又要处理好与业主和其他主要投资者的关系，既要代表和维护好其合法利益和正当权益，围绕本单位生产经营管理开展工作，又要特别注意维护自己在本单立中的组织独立性，避免成为业主的附庸和工具。

总之，在新的历史条件下，深入贯彻落实党的十八大精神，扎扎实实地做好新时期的党建工作，“两新”组织的党组织领导班子必须努力提高思想政治素质，提高党务工作能力，积极带领广大党员和“两新”组织职工切实围绕党的中心任务开展党的活动，积极鼓励和帮助“两新”组织稳定地发展。这是“两新”组织的党组织具有战斗力，发挥先进作用的重要体现。

二　切实加强非公有制经济组织和新社会组织党务工作者队伍建设

新形势下，面对“两新”组织发展迅速、党建工作任务繁重的实际，客观需要党组织不断壮大党务工作者队伍。一方面要创新选拔培养机制，通过内部推优、组织选派、外部招聘、公开选拔等形式，把思想政治素质好、懂经营管理、有党务工作经验、善于做群众工作的党员干部选配到“两新”组织的党组织书记岗位上来。另一方面，要注重把“两新”组织中党性强、观念新、懂经营、会管理的党员吸收到党组织领导班子中来，提升“两新”组织的党务工作者队伍能力水平和结构。

（一）不断提升党务工作者能力素质

“两新”组织党建工作能否抓紧抓好抓出成效，与党务工作者队

伍的自身素质有很大关系。“两新”组织的各级党组织要在不断提升党务工作者自身能力素质上下功夫。

1. 强化学习力

“两新”涉及行业广泛，所以，作为“两新”组织党务工作者，必须具备多方面的知识，这需要不断地学习。首先，应注重理论学习。“两新”组织党务工作者应当经常利用各种形式，认真学习贯彻党和国家的路线、方针、政策。其次，应学习业务知识。党务工作者要善于做党务工作，必须学会相应的业务知识。应坚持利用党的活动，宣传党的先进理念。再次，应学习企业管理知识。党的建设是为“两新”组织的发展服务的，没有丰富的企业管理知识，就不能把党建与企业发展有效地融合。

2. 增强凝聚力

“两新”组织党务工作者要增强党组织的凝聚力，就必须解决“为了谁、依靠谁”的问题。“两新”组织的党组织发展的目标要为了职工群众，工作发展必须依靠职工群众，最终让群众得到真正的实惠。要增强党组织凝聚力，就必须解决愿意做群众工作和善于做群众工作的问题。这涉及工作态度和工作方法的问题，要求党务工作者必须端正思想，提高业务本领，不断提高为职工群众服务的本领。要增强党组织的凝聚力，就必须解决“从群众中来、到群众中去”的问题，要与职工群众保持零距离沟通，经常性地深入一线，与职工作现场交流，了解职工的内在诉求，解决职工难题。

3. 提升发展力

党务工作者要提升发展力，就必须使自己具备三种素质、三种能力和三种精神。

（1）三种素质主要包括思想素质、业务素质和身体素质。党务

工作者要提升思想素质，首先应有宽广的胸襟、积极的心态，从而使自己视野开阔、海纳百川，遇事冷静思考，客观把握未来。要提升业务素质，要求党务工作者学习、运用最新最前沿知识，充实头脑，掌握技能，使自己耳聪目明。要提升身体素质，要求党务工作者注意劳逸结合，始终保持旺盛的工作精力，并合理授权。

（2）三种能力主要包括驾驭市场的能力、驾驭全局的能力和化阻力为动力的能力。要提升驾驭市场的能力，就必须及时捕捉真实、准确的市场信息，充分了解和把握市场周期盛衰变化的规律和频率。要提升驾驭全局的能力，就要努力培养经济学家的思维，组织家的才干，科学家的技术和战略家的眼光，保证决策的科学性。要提升化阻力为动力的能力，就要学会将矛盾引向竞争，将消极因素引导成为积极因素，才能创造良好的工作环境和氛围。

（3）三种精神包括创业精神、创新精神和合作精神。要提升创业精神，就要发扬大无畏的奋斗精神，不断进取，奋发向上，推动“两新”组织走在发展前列。要提升创新精神，就要不断否定自己、超越自己，不断创新“两新”组织经营体制机制、产业结构、产品质量和种类，以应对不断变化的市场和消费者。要提升合作精神，就要从世界经济的视角，来考察企业在国内国际大市场中的位置，寻求更为广泛而有益的借鉴与合作，拓宽发展空间。

4. 培养自制力

“两新”组织的党务工作者要做好党务工作和群众工作，就要培养自制力，就要过好三关。

一是选人关。这要求破除陈旧的以关系导向为主的选人方式，采取以绩效导向为主的方式，靠制度选人，依标准用人，竞争上岗，优胜劣汰，把最优秀的人选到适合的工作岗位上。

二是奢侈关。党务工作者应该牢记“两个务必”，在“两新”组织内部营造一种勤俭节约、艰苦朴素、精干高效、干事创业的良好作风，杜绝奢侈攀比的风气。

三是庸俗关。党务工作者应大力弘扬廉洁文化，倡导建设廉洁组织，弘扬文明新风，杜绝庸俗关系学，营造风清气正、文明健康、积极进取的和谐风气。

（二）加强对“两新”组织党务工作者的培训

加强对“两新”组织党建工作培训，是建设“两新”组织高素质党务工作者队伍的重要途径。

各级党的组织要通过以各级党校为主要基地，以短期培训、在岗培训、专题培训、函授培训为主要形式，逐步提高党务工作者的综合素质和能力。要建立“三级培训体系”，（市）区县单位作为一级，负责在党校培训党建工作指导员和联络员；区县（自治县、市）相关部门作为一级，主要通过工商局党校和个体私营协会党校，培训“两新”组织中党组织的负责人；“两新”组织作为一级，在组织中建立业余党校，负责培训本组织党员和入党积极分子。省(市)、中央党校培训大型“两新”组织党的负责人。借助“三级培训体系”，造就数以百计、千计的优秀党务人才队伍，推动“两新”组织党建工作的健康有序发展。

培训工作要有针对性地设计培训内容，重点加强党的路线、方针、政策、法律法规、党务知识、群众工作方法的培训，加强市场经济知识、经营管理和“两新”组织管理本领的培训，不断提高“两新”组织的党组织书记的能力和素质。要注意总结运用“两新”组织党建的成功经验，进行典型示范、实地观摩、案例教学，使培训务实管用。同时，积极探索搭建有效交流平台的途径，开展经常性的工作交流，共同探讨解决“两新”组织党建中出现的新情况新问题。

新形势下，必须把提高“两新”组织的党组织书记的党务工作能力摆上重要位置，采取有效措施，努力提高五个方面的能力：

一是执行政策的能力。找准落实政策与“两新”组织发展的结合点，发挥政策效应，促进“两新”组织健康发展。

二是服务发展的能力。采取办班培训、外出学习、实践锻炼等措施，提高党务工作人员尤其是党组织书记的综合素质；有针对性地对党员进行岗位技能和党的知识培训，改善知识结构，增强工作本领，在“两新”组织发展中发挥模范带头作用。

三是组织协调能力。在“两新”组织内部，党组织负责人积极协调“两新”组织、经营管理者与职工的关系，努力构建和谐的劳资关系。在“两新”组织外部，党组织负责人要发挥自身优势，妥善处理各方面的关系，为“两新”组织创造良好的发展环境。

四是合作共事能力。党组织负责人要提高合作意识，善于采取主动谈心、经常沟通、遇事协商等方式，处理好与“两新”组织的关系，通过卓有成效的工作，赢得“两新”组织的信任，使之提高对党建工作重要性的认识，主动支持、配合开展党建工作。

五是党建创新能力。“两新”组织的党组织负责人要认真把握党建工作中的新情况、新问题，深入研究党组织发挥作用的规律、途径，坚持“围绕经济抓党建，抓好党建促发展”，大力提高集成创新和再创新能力，使党建工作与时俱进、党组织作用有效发挥。

（三）完善对党务工作者队伍的激励机制

建设“两新”组织高素质的党务工作者队伍，还要通过完善的激励机制来调动“两新”组织党务工作者的积极性，解决党务工作者活力激发的问题。目前，“两新”组织党建工作缺乏相应的保障激励机制，使得党务工作者积极性和创造性难以充分调动和发挥。要解决这一问题，可以在以下三方面进行探索和尝试：

一是加快制定实施保障“两新”组织中党组织负责人权利的法规和办法。明确规定“两新”组织没有正当理由不能随意解聘党组织负责人。解聘“两新”组织的党组织负责人要符合《劳动法》的规定，并经过劳动仲裁程序和上级党组织的同意。

二是探索将“两新”组织中的党组织负责人纳入组织部门管理的选拔任用体制。要把建立企业家人才市场、实行人才的市场配置，与组织配置结合起来。将选派机关干部到“两新”组织任职、挂职锻炼，“两新”组织与国有、集体企业党务干部换岗交流结合起来，把“两新”组织干部的选拔任用并入地方党组织干部管理的总体框架。

三是营造良好的工作环境。对非党员厂长、经理、董事长等领导者进行有关党的知识的定期培训，提高他们的认识，从而更加自觉地支持党组织的工作。同时还要建立联系沟通交流制度。定期举行地方或综合部门领导与“两新”组织的管理人员及党员、党支部书记联席会议或联谊会，增强他们的荣誉感，激励他们发挥表率作用。

（四）加强“两新”组织党的指导员队伍建设

按照加强党建工作指导员队伍建设的要求，新形势下抓好“两新”组织党建工作指导员队伍建设，具体要抓好以下几方面的工作：

1. 改进选配方式，拓宽输送渠道

各级党组织要会同有关部门精心做好选派“两新”组织党建工作指导员工作。坚持把选派政治业务素质好、了解党建工作、组织协调能力强、善于做群众工作作为选派的基本条件，通过“个人报名申请、单位考察推荐、组织审核备案”的程序，重点从统战、工商、税务、经贸、商务、环保、人力资源与劳动保障等联系和服务“两新”组织的党委和政府部门的各级后备干部中，选派合适人选担任党建工作指导员，确保党建工作指导员质量。各地也可以在机关、事业、国有企业等单位中把政治素质好、组织能力强、了解经营管理、熟悉党务工作的退休优秀党员和退居二线的干部选派担任“两新”组织党建工作指导员，在优秀年轻干部中探索建立一支党建工作志愿者队伍。要建立党建工作指导员岗前培训制度，每年由市、县（市、区）委组织部门会同有关部门，组织初任“两新”组织党建工作指导员进行一次岗前培训。要面向全社会招聘优秀党务工作者，每年从高校优秀党员毕业生、军转干部和其他党员人才中选拔培养一批党建工作指导员后备人才，建立“两新”组织党务工作人才库，鼓励机关在职干部、“退二线”的党员干部、党员复转军人和其他热心党群工作的同志担任党建工作指导员。建立集中培训制度，省、市、县三级联动每三年进行一次集中培训。建立专题培训制度，有针对性地设立专题定期组织培训，提高他们的综合素质。

2. 明确党建工作指导员的选派重点

各级党组织要认真总结经验、完善措施，根据“两新”组织的规模、类型、驻地及党建工作状况，把没有党员的、没有党组织的和已经建立党组织但党建工作比较薄弱的“两新”组织作为党建工作指导员的主要选派对象，因企制宜，分类指导，采取“一人一企”

"一人多企"的办法，增强选派"两新"组织党建工作指导员的针对性和有效性，选派党建工作指导员到没有党员的"两新"组织开展党的工作，帮助有党员的"两新"组织尽快建立党组织，指导新建党组织建章立制、开展活动。

3. 充分发挥党建工作指导员的作用

党建工作指导员要认真落实"一岗双责"要求，在做好本职岗位工作的同时，认真履行党建工作指导职责，重点帮助"两新"组织发展党员、建立党组织、开展党的活动、培养党组织负责人、加强党组织规范化建设。要把选派"两新"组织党建工作指导员作为培养锻炼年轻干部的重要途径，作为落实部门党组（党委）抓基层党建责任的重要举措。市、县（市、区）委组织部门要会同有关部门与党建工作指导员签订目标责任书，年底根据目标任务，制定具体目标考核细则，对党建工作指导员履行职责情况每年度进行考核考评，考核结果作为年度考核的重要内容和提拔任用干部的依据之一，对工作成绩突出的要给予表彰和奖励，对不适合继续担任党建工作指导员的要及时调整。党建工作指导员所在单位要大力支持他们开展工作，为他们开展工作提供必要条件。

总之，要以高度的政治责任感和扎实有效的工作，努力建设一支素质优良、结构合理、数量充足、专兼职结合的"两新"组织党务工作者队伍，在"两新"组织的党建工作实践中充分发挥其组织宣传、联系服务、协调指导作用，推动"两新"组织的党建工作深入开展。

第八章

加强非公有制经济组织和新社会组织的党员教育工作

加强党员经常性教育是党的建设的一项基础性工作，是巩固和发展保持共产党员先进性教育活动成果、不断提高党员素质的需要。在新形势下，加强“两新”组织的党员教育工作，提高党员思想觉悟，发挥党员在这些企业中的作用，对于正确引导“两新”组织的健康发展，增强党组织在“两新”组织中的影响力和凝聚力，具有非常重大的意义。

一　非公有制经济组织和新社会组织党员教育的目标和内容

（一）开展党员教育的目标

“两新”组织的党组织通过对其党员开展相关教育活动，实现以下目标：

一是提高党员的思想政治素质，坚定共产主义理想和中国特色

社会主义信念，树立马克思主义世界观、人生观和价值观。

二是增强党性观念、党员意识和执政意识，牢记党的宗旨，坚持立党为公、执政为民，清正廉洁、拒腐防变。

三是严守党的纪律，维护党的集中统一，在思想上政治上始终与党中央保持高度一致。

四是继承和发扬党的优良传统和作风，保持共产党人的政治本色，增强党员工作能力。

五是通过教育提高党员用马克思主义的立场、观点、方法分析问题和解决问题的能力，组织群众、宣传群众和服务群众的能力，做好本职工作和自主创业、带领群众创业的能力。

六是通过教育推动党员在生产、工作、学习和社会生活中充分发挥先锋模范作用，努力成为自觉学习的模范，贯彻执行党的路线、方针、政策的模范，勇于创新、争创一流业绩的模范，联系和服务群众的模范，践行社会主义荣辱观、发扬社会主义新风尚的模范。

党员教育的各项工作和活动，都要有利于解放和发展生产力；有利于加强党的自身建设，提高党员执行党的路线方针政策的自觉性和坚定性。必须坚持“重在建设”，以人为本。要把坚持党性原则与适应发展社会主义市场经济的要求统一起来，着重解决好党员的世界观、人生观、价值观问题，切实调动广大党员的主动性、积极性、创造性，充分发挥党员的先锋模范作用。

（二）加强党员教育的主要内容

1. 对党员进行理想信念教育

理想信念是人的精神支柱，是人的行动指南。正确的理想信念是一个人能否健康成长、成就事业的必要条件。对广大共产党员来说尤其如此，因为他们作为人民群众中的先进分子，更应该具有最崇高的理想信念。加强对“两新”组织党员理想信念教育，是党员和党组织发挥先锋模范作用的根本要求。一个党员如果没有正确的理想信念，就等于没有灵魂，就会迷失方向，迟早会发生问题。为此，一要加强对“两新”组织党员科学世界观的教育，这是坚定理想信念的思想基础。二要加强党的基本理论的教育。把重点放在马克思主义理论、毛泽东思想和中国特色社会主义理论体系上，要用党的理论创新的成果武装头脑，不断坚定政治理想和信念。三要正确处理好远大理想与个人志趣的关系。每个共产党人都应该把自己的志趣、爱好统一到建设中国特色社会主义这个大目标下，把个人的工作同党和人民的事业紧紧地连在一起。

2. 对党员进行党的路线、方针、政策教育

党的方针、政策是党根据基本路线的要求而制定的具体工作规则。“两新”组织党组织要通过组织党员学习党和国家的路线、方针、政策，提高党员的政策理论水平和对党的路线、方针、政策掌握运用的能力，使党员在思想上、政治上同党中央保持一致。同时党支部要针对党员队伍中存在的带有倾向性的问题，通过有计划、有重点、有步骤地实施教育，帮助党员提高认识。加强管理强化监督，帮助党员增强党性观念。

3. 加强对党员的党性教育

中国共产党是中国工人阶级的先锋队，是中国各族人民利益的忠实代表，是中国特色社会主义事业的领导核心。它所固有的明显区别于其他政党的特性，就构成了我们党的党性。

在新的历史时期，共产党员的党性要求就是：坚定不移地贯彻执行党的基本路线，在思想上、政治上同党中央保持高度一致；清

正廉洁，无私奉献，自觉抵制资本主义和封建主义思想的侵蚀，正确处理国家、集体、个人利益关系，同一切损害国家和人民利益的行为作斗争；坚持把共产主义理想同党在现阶段的任务结合起来，积极投身于建设中国特色社会主义的伟大实践中去，脚踏实地做好本职工作。

党组织要通过对党员进行爱国主义、集体主义、共产主义教育，以及教育党员坚定信念、牢记宗旨、吃苦在前、享受在后、忠于职守、联系群众、遵纪守法等，使广大党员加强党性锻炼、提高党性修养、增强党性观念。

二　非公有制经济组织和新社会组织党员教育的形式

新的历史条件下，“两新”组织开展党员教育，既要联系本单位具体实际，又要大胆创新，开展灵活多样的教育活动，使教育活动既生动活泼，又注重实效。

（一）围绕经营管理活动开展党员教育

首先，党组织要结合经济社会发展和“两新”组织发展的实际，对党员进行新知识和岗位业务知识的培训。将现代化科学技术知识与岗位业务知识相结合，使广大党员不断接受新知识、新信息，提高工作效率，增强服务能力。在培训中要注意以下几点：一是要针对“两新”组织党员的实际情况，实行按需培训，根据培训对象的不同要求，以提高素质提升能力为重点，需要什么，培训什么，缺什么，补什么；二是要坚持分类培训，针对不同对象确定培训内容和方法；三是强化重点培训，优先培训“两新”组织中的党员和经营管理骨干、技术骨干，中层以上管理人员，实行重点岗位，关键岗位人员重点培训，优秀人才强化培训。

其次，党组织要结合“两新”组织的攻坚克难任务开展教育活动，教育党员发挥党员模范作用。要结合“两新”组织的特点开展“创先争优”活动，开展“四热爱、四争先”竞赛活动，即热爱党，争当优秀共产党员；热爱祖国，争当遵纪守法的模范；热爱客户，争当服务标兵；热爱市场，争当市场新主人。将教育活动与经营活动有机地联系在一起就能起到很好的作用。

再次，要结合“两新”组织的关键环节、关键岗位开展有针对性的教育活动，要教育党员以自己的模范作用，影响其他群众，树立党员形象，促进“两新”组织的进步与发展。应采取“业余”“小型”“务实”的教育方法，活动方式尽可能灵活多样，方便适用，使党员便于接受和参与。

（二）通过多种方式开展党员教育

随着“两新”组织党建工作的深入开展，一些“两新”组织的党组织对加强和改进党员教育工作进行了大量有益的探索，创造出一系列行之有效的方式方法。归纳起来主要有以下几种：

1. 引导与鼓励党员自主学习

自学是党员进行自我教育的一种有效方法，它不受时间、空间、地点、条件的限制。搞好党员的自学，要由党员个人和党组织两个方面的共同努力来实现。党组织要为党员的自学创造条件，要提出要求、精心组织、热情服务、经常检查。但自学的关键是要调动个

人学习的自觉性。

2. 定期参加组织生活会

通过组织生活会的形式，首先，对党员进行严格遵守党的组织生活制度的教育，提高党员参加组织生活的自觉性。其次，每次组织生活会都要做好充分准备，内容要集中，重点要突出。最后，要坚持党性原则，不回避矛盾，认真开展批评和自我批评，切实解决存在的突出问题，使党员真正从思想上受到教育，达到提高认识、增强团结、共同进步的目的。

3. 定期上党课

党课一般以党章为基本教材，以邓小平理论、“三个代表”重要思想和科学发展观为主要内容，结合学习有关文件，采取集中讲授的方法。党课教员可以由党支部委员会成员担任，也可以请外聘。在讲授党课时，注意联系实际，把马克思主义理论教育、党的路线、方针、政策教育、党的基本知识教育同分析解决改革开放中的现实问题，分析解决广大党员关心的社会热点、难点问题结合起来，做到深入浅出，形象生动，增强吸引力。

4. 进行党员集中培训

党员集中培训即党组织通过党校和其他训练场所，集中一定时间对党员进行普遍的系统教育。其形式主要有两种：一是利用各级党校，由党委承办，主要是训练党员干部；二是举办各种形式的短训班，可以由党委举办，党员较多的党支部也可根据条件和需要自行举办。在培训内容上，应根据党的中心任务，结合本单位工作实际和党员思想实际确定，每次培训力求集中解决一两个实际问题。培训班一般要把班前预习、专题辅导、小组讨论和班后总结这四个环节抓好。

5. 有组织地开展好各种活动

通过开展各类活动，使党员达到受教育的目的。如通过社会调查、义务劳动、知识竞赛、影评视评、创先争优等各种有益的活动对党员进行教育。这种形式把思想教育包含在各种富有教育意义的活动之中，使党员潜移默化地受到启发教育，增长知识，陶冶情操。开展这些活动时，要注意政治性和思想性，做到教与乐的统一，避免形式化庸俗化。

6. 开展主题实践活动

主题实践活动是各地党组织经常开展的一项形式与内容有机结合，教育效果良好的活动方式。主题实践活动可以多种多样。比如，组织开展党员责任区、党员先锋岗、党员示范户、党员承诺、设岗定责、结对帮扶和志愿者服务活动等。每项活动都要围绕推动发展、服务群众、促进和谐这个主题，精心组织，扎实开展，务求成效，防止和克服形式主义。无论开展何种活动，都要为经济建设这个中心服务，为全面建成小康社会、加快推进社会主义现代化服务，为满足人民群众日益增长的物质文化需求服务。同时，党组织要为党员服务人民群众、发挥先锋模范作用创造条件，搭建平台。

7. 举办座谈会、讨论会

举办座谈会、讨论会是集思广益、互帮互学的党员教育形式之一。通过运用座谈、讨论的形式，可以使与会党员畅所欲言地发表意见，经过大家的争辩，有利于加深对党的路线、方针、政策的理解。还可以使党员教育工作者掌握党员思想的实际情况，为有针对性地进行党员教育提供内容。

（三）创新教育形式，改进党员教育方式

在“两新”组织开展党员教育工作，要十分注意创新和改进教育形式和方式，要采取适合本组织实际、符合党员内在要求的不同方法和模式。不能一味“唱高调”，要多搞小型、多样、新颖、活泼的活动载体，注重教育内容的针对性和教育形式的灵活性。

1. 创新学习方法，增强学习方法的灵活性

针对“两新”组织党员教育存在的集中学习时间保证难和思想统一难的特点，在“两新”组织中要借助“远程教育进非公有制经济组织和新社会组织”“网上党支部”“网上党建论坛”“网上党建征文”等载体，通过网上学习、交流、讨论，促进党员职工增长才干、提高素质、开阔视野，增强为“两新”组织发展做贡献的自觉性。

2. 创新教育内容，注重教育内容的实效性

从增强党员教育内容的实效性出发，要求“两新”组织党员发挥四个作用，即发挥好思想政治上的导向作用，经营管理上的模范作用，业主和员工之间的协调作用，支持和监督“两新”组织依法经营管理的促进作用。通过开展“三有三无”活动（即重要岗位有党员、困难面前有党员、突击攻关有党员，党员身边无事故、党员身边无违纪、党员身边无次品），把党员教育与促进“两新”组织经营管理有机结合起来。

3. 创新教育手段，增强教育手段的先进性

在传统教育方法的基础上以电化教育为手段，组织党员观看有教育意义的电视专题片和录像片，形象直观地让党员受启发、受教育、受感染。此外，还要注意以下几点：

一是将党员培养教育纳入“两新”组织总体培训规划。要充分利用业余党校、职工学校、企报企刊等阵地，加强对党员的政治理论、法律法规、市场营销、岗位技能等知识培训。注重教育内容的针对性和教育形式的灵活性，积极推行错时学、轮班学、小组学、自学等有效办法，切实解决部分党员学习时间紧张问题。

二是创新流动党员教育，方便他们转接组织关系，引导和督促他们主动亮明身份，参加党的活动。要在“两新”组织中开展“双亮双看”活动，即“亮身份，看思想上的差距；亮形象，看工作上的差距”，动员“口袋”党员愿意主动亮身份，回归组织。要针对“两新”组织中流动党员、农民工党员较多的实际，积极探索流动党员过双重组织生活的方式方法。对流动党员信息管理、组织生活、民主评议、组织关系管理等作出具体规定，构建城乡一体的流动党员管理机制。

三是探索推行“网上组织生活”。要利用公开电子邮箱、QQ群号等网络手段，寻找“口袋”党员。要针对“两新”组织党员存在活动集中难、信息沟通难、教育监督难等方面的问题，借助“远程教育进组织”等载体，通过网上学习、交流、讨论，为党员职工增强本领、提高素质、开阔视野创造条件。

“两新”组织的性质决定其党员、员工的教育培洲工作必须强调成本核算，力争做到少投入、高效益。因此，培训工作需要整合资源，降低成本，提高效率。一要做好部门的整合。把市委党校、劳动力市场、流动党员服务站、职工活动中心等相关部门的资源进行有效整合，形成工作合力。二要做好物的整合。把软硬条件较完备的大型龙头企业作为培训站点，组织周边中小企业党员集中培训，有利于减少重复建设，提高资源利用率。三要做好人的整合。对辖

区内不同行业企业和不同岗位的党员员工按照行业、岗位相近的办法进行分类培训，有利于减少培训成本，增强培训实效。四要做好财的整合。做好培训，投入是基础。要积极筹措培训经费，采取“党建经费拨一点、党费补一点、财政筹一点、单位出一点”等办法，为搞好培训工作提供经费保障。

三　抓好分类教育，增强教育培训的针对性

抓好“两新”组织党员的分类教育培训，是增强教育培训的针对性和有效性的内在要求。“两新”组织党员主要分为业主党员、管理层党员、职工党员三个层面。在“两新”组织，由于每个层面的党员工作任务不同，因此，党组织对党员的教育培训的内容和要求也应有区别，对不同岗位的党员要采取不同的教育、培训方法，培训内容也应有所不同。

（一）做好对党员业主的教育培训

对业主党员，主要采取教育引导和集中培训的方式，重点加强理想信念、现代经营理念、树立科学发展观等方面内容的教育；要进行专门的学习培训，组织他们到中央党校或国家重点大学去学习深造，到发达国家去考察参观，促使他们及时更新充实新知识，掌握先进经营管理理念。

在“两新”组织党员教育中，对党员业主进行教育是一项重要内容。这项工作具有一定的特殊性，也具有很重要的意义，因此，必须予以高度重视。做好对党员业主的教育工作应着重注意以下四

个方面：

1. 加强对党员业主的素质培养

重视对“两新”组织业主的思想政治教育，结合教育培训活动，对党员业主进行党性教育和党的知识培训，提高他们的政治理论素养和思想素质。为培育党员业主共同的价值观念和社会责任感，在党员业主中开展“加快发展、回报社会”主题活动，引导和组织党员业主积极为扶贫济困基金捐款，参与捐资助学、结对帮扶困难职工、农村低保户和慰问困难老党员活动，关爱扶助社会弱势群体。

2. 积极提升党员业主的文化知识层次

针对部分业主学历偏低、部分业主虽有一定学历但存在知识老化的现状，大力实施学历教育，促使党员业主更新知识，提升文化层次。以党校为基地，组织业主及中层以上经营管理者参加中央党校、省委党校经济管理专业的本科、大专学历函授教育。

3. 强化对党员业主的能力培训

要积极培育党员业主的市场化思路、现代化理念和国际化眼光，提升他们的创新思维能力和经营管理水平。通过“请进来”“走出去”等多种途径，组织党员业主到经济发达地区进行培训，学习先进的经营管理经验。搭建交流平台，定期举办“党的建设与企业发展”研讨会，积极创办“‘两新’组织党建在线”论坛，筹建“远程教育进‘两新’组织”工程，为企业家提供学习党的知识、交流经济信息、探讨发展路径的平台。

4. 完善党员业主的市场评价和激励制度

建立党员业主市场评价和激励制度，邀请税务、工商、银行、工会等部门及“两新”组织客户对党员业主进行资信评估，评选“十佳优秀党员业主”，确保党员业主讲诚信、守法律，培养高尚的

道德情操，树立良好的社会形象。坚持对优秀党员业主给荣誉、给地位，扩大宣传，提高其社会声望。

实践证明，党员业主培养工程融党的建设和经济工作于一体，是以创新精神加强“两新”组织党建工作的生动体现和成功之举。

（二）加强对管理层党员的教育培训

对“两新”组织管理层党员的教育培训，主要采取集中培训和召开会议的形式，重点加强党性修养、经营管理等方面内容的教育；对“两新”组织的党组织书记每年至少培训一次，并建立联席会议制度，定期召开会议，通报或交流各单位开展党建工作情况，分析党员的思想现状，研究党员教育管理的对策。对管理层党员的教育重点要在“八破八立”上下功夫：

1. 破除安于现状、不思进取的思想，树立居安思危、奋发图强的观念

深化改革、扩大开放，积极进取、科学发展，才能推动中国特色社会主义建设事业不断前进。安于现状、不思进取，只能使我们的事业停滞不前。只有树立居安思危、奋发图强的观念，才能使我们的思想理念、工作状态与党的要求保持一致，才能使我们的工作内容与人民群众的要求保持一致。树立居安思危、奋发图强的观念，关键要真正树立时不我待的责任意识，始终坚持用发展的眼光、思路、办法去解决前进中的问题。

2. 破除因循守旧、封闭狭隘的思想，树立改革创新、开放合作的观念

破除因循守旧、封闭狭隘的思想，树立改革创新、开放合作的观念，就是要在学习借鉴世界先进科学技术、先进发展理念和先进

的管理思想与经验中善于打破旧的思想观念的束缚，改革过时的不适应发展的体制机制，团结带领广大职工群众把经济社会发展转入又快又好的轨道。

3. 破除被动应付、等待观望的思想，树立抢抓机遇、攻坚克难的观念

当前，党员干部中存在许多不适应和不符合科学发展的心态："资源依赖"型，一旦离开资源或失去资源优势，就失去了进取信心、看不到了发展的空间、停住了前进的脚步；"按部就班"型，习惯于用传统的思维方式考虑问题，一谈发展就指望政府投入，一讲管理就只知道行政命令，一遇到问题就怕担风险；"得过且过"型，过一天算一天，只讲客观不讲主观，凡事等、靠、要，遇事观、望、避。抢抓机遇、攻坚克难，就是要破除以上的旧观念，切实增强工作的主动性、积极性、创造性。

4. 破除小胜即满、胸无大志的思想，树立锐意进取、敢为人先的观念

改革开放以来，虽然我国在经济社会发展上取得了举世瞩目的发展成就，但长期处于社会主义初级阶段的基本国情没有变，社会的基本矛盾也没有变，人口多、底子薄、城乡发展不平衡、生产力不发达的状况仍然是最大的实际。因此，必须破除骄傲自满、胸无大志、停滞不前的错误思想，树立锐意进取、敢为人先的观念。要实现这一思想观念的转变，领导班子和领导干部是关键，必须自觉倡导科学发展、敢为人先的积极理念，积极提出改革发展思路，正确制定正确有效的政策制度，有效协调各方行动与步调，时刻关注目标的进展与成效，带头攻坚克难，充分发挥表率作用。

5. 破除只追求发展速度、不顾及发展代价的思想，树立健康发展、好中求快的观念

要快速发展、长足进步，就不能盲目上项目，只追求发展速度，只顾及经济总量的增加，从而造成为了发展一项产业而潜在地破坏了另一项产业、为了引进一个项目而引发社会矛盾、为了增加财政收入而浪费大量社会资源的现象，损害长远利益。这就要求党员干部要站得高、看得远，坚持经济健康发展，坚持把发展的速度和质量建立在科学合理的基础之上，从长远发展、百年大计、为子孙后代谋福祉的高度去把握发展的速度和质量。

6. 破除片面追求经济增长、忽视社会建设的思想，树立统筹兼顾、全面协调的观念

统筹兼顾，就是要在发展的谋划、部署、安排、推进中始终坚持“四个结合”：一要大小结合，用更多精力去抓大事，但小事也要抓好，既不能因小而不为，也不能因小失大；二要难易结合，既先易后难、易事先办，又敢于抓难事，善于突破难点问题；三要点面结合，在抓示范的同时要更多地注重发挥示范带头作用，必须把面上的工作抓好；四要远近结合，不能竭泽而渔、搞短期行为而损害长远利益。

全面协调，就是要坚持生产发展、生活富裕、生态良好的文明发展道路，建设资源节约型、环境友好型社会，实现速度和结构质量效益相统一、经济发展与人口资源环境相协调，使人民在良好生活环境中生产生活，实现经济社会持续发展。

7. 破除狭隘的地方本位主义思想，树立大局至上、可持续发展的观念

首先要克服那种只顾本地发展而忽视全局发展、只顾一部分人发展而忽视绝大大多数人发展的倾向。同时要树立正确的政绩观，把环境代价、污染经济损失、自然资源成本、工业废弃物的负面支出等纳入 GDP 核算中，建立有利于全局发展和长远发展的考核机制。此外，还要在思考问题、解决问题中注意各方面的联系与影响，杜绝顾此失彼、顾前不顾后、顾我不顾他等情况发生。

8. 破除重管理轻服务、重指令轻指导的思想，树立服务至上、效能第一的观念

要彻底改变计划经济模式处理问题的惯性做法，要对群众敢于负责、勇于担当，要真诚地为群众服好务、谋利益。对于改革发展中出现的新情况、新问题，要坚持用科学思维方式和全面、发展、辩证、客观的眼光进行观察、分析、思考，努力克服以会议贯彻会议、以文件落实文件的习惯，不断增强服务理念，创新工作方法，促进和谐发展。

9. 破除追求个人政绩、忽视群众利益的思想，树立以人为本、以民为先的观念

要把立党为公、执政文明作为我们党执政的最高价值取向，把人民群众作为改革发展的最高价值主体，把为了最广大人民群众的根本利益作为执政兴国的最高价值追求。

（三）加强对职工党员的教育培训

对职工党员，主要采取党员大会和业务培训的方式，重点加强党性观念、宗旨意识、业务技能等方面内容的教育，增强教育的有效性。采取分层集中培训的办法，抓好对“两新”组织党员实施轮训，提高党员能力素质，使其尽快成为“两新”组织的骨干力量，把党组织的活动与尊重人、关心人、帮助人的工作相融合。积极开

展“我为党旗添光彩，我为单位作贡献”主题活动，组织党员带头学知识、钻业务、练技能，让党员成为生产骨干，技术尖兵；大力培育和宣传典型，发挥典型的激励导向作用，让优秀党员有自豪感，一般党员有压力感，落后党员有内疚感，真正实现党员教育管理与经营管理“两不误、两促进”。

第九章

加强非公有制经济组织和新社会组织的党员管理工作

“坚持党要管党、从严治党”是我党的一贯方针，也是十八大提出的党建任务。在新的历史条件下，各级党组织要按照党章的有关规定“对党员进行教育、管理、监督和服务”，促使广大党员认真履行义务，正确行使权利。通过有效的管理工作，使“两新”组织中党员的先锋模范作用得到发挥，使党的先进性得到体现。当前，我们要以对党的事业无限忠诚的责任，以改革创新的精神，通过积极主动、扎实有效的工作，积极研究探索“两新”组织党员管理工作的新机制、新方法，推动“两新”组织党员管理工作再上新台阶。

一　非公有制经济组织和新社会组织党员管理的原则、任务、内容与方法

（一）党员管理的基本原则

在新的历史时期，党员管理工作要高举中国特色社会主义伟大

旗帜，紧紧围绕经济建设这个中心，适应全面建成小康社会，加快社会主义现代化建设的要求，加强对党员的教育、管理、监督和服务，全面提高党员素质，增强党性，在建设中国特色社会主义事业中发挥先锋模范作用。在新的历史条件下，党员管理必须遵循以下基本原则：

1. 从严治党的原则

从严治党是在新的历史条件下加强党的建设的一个基本方针，也是对党员队伍进行教育、管理、监督和服务的基本指导原则和要求。这一原则体现在以下三个方面：一是对党员要求严；二是执行党的纪律严；三是对党员，特别是领导干部实行有效的监督。

2. 注重实效的原则

用工作的实际效果来衡量一个地方或单位的党员管理工作，看党员的素质是否有所提高，能不能坚决贯彻执行党的路线方针政策，献身改革开放和现代化事业，带领群众为本地区、本单位的经济发展和社会进步做出实绩，在本职岗位上充分发挥先锋模范作用。

3. 制度规范的原则

制度规范原则主要包括三个方面的内容：一是制定和完善党员管理制度。二是制度的实施和检查。三是教育党员自觉地执行制度。

4. 组织管理与思想教育相结合的原则

把组织管理与思想教育有机结合起来，在改进管理中加强党员教育，在加强教育中搞好党员管理。这样，才能使党员管理工作富有成效。

5. 继承与创新相结合的原则

以改革的精神在实践中积极探索，研究新情况，解决新问题，积累新经验，使党员管理工作在改进中加强，在转变中适应，在发展中提高。把继承优良传统和改革创新有机结合起来，不断地改进工作方法和活动方式。

（二）党员管理的基本任务

党员管理工作是基层党组织的一项基本工作，也是保障党员和党组织发挥作用的前提和基础。新的历史时期党员管理的基本任务，主要有以下几个方面：

1. 教育党员严格履行义务，保障党员充分行使权利

党组织要教育和引导党员严格要求自己，模范地履行党员义务，自觉地做合格党员。教育党员正确对待权利，并为党员行使权利创造必要的条件。

2. 组织党员参加党的活动

党组织对党员的日常管理，主要体现在经常组织党员参加党的活动上，如参加党的组织生活、缴纳党费、接受党的教育和培训、完成党组织分配的工作等。

3. 严格党员组织关系和党籍管理

在改革开放和社会主义市场经济条件下，党员流动日趋频繁，这就要求对党员实行动态管理。党员流动时要按规定办理转移组织关系的手续，凭组织关系参加新单位党的组织生活。因此，党员如果流动中不能按时办理转移组织关系的手续，或长期不参加党的组织生活，也就丧失了党员资格，党组织应按照党章的规定，对党员的党籍作出处理。

4. 保持党员队伍的纯洁性

对于那些理想信念动摇，价值观念发生扭曲，已经不具备党员条件的党员，党组织应当按照党章规定，根据党员情况，采取适当

措施进行组织处理，以保证党员队伍的纯洁性。

（三）党员管理的主要内容

在我党走过的九十余年党建历程中，党员管理的成功实践大多以制度的形式固定下来，在新形势下不断坚持和完善这些制度，即构成了新时期党员管理的主要内容。

1. 把党员编入到党的一个组织

把党员编入党的一个支部、小组或其他特定组织，是党组织的重要职责。让党员参加党的组织生活，接受党组织的教育、管理和党内外群体的监督，完成党组织交给的任务，这样才能发挥党员的先锋模范作用，才能保证基层党组织有坚强的战斗力。

2. 过党的组织生活

党员必须在党的一个组织中过组织生活，通常是指党员参加所在支部的党员大会或党小组会，以及党员领导干部单独召开的党内民主生活会。党员在组织生活会上，必须认真地向党组织汇报自己的思想和工作，这是加强党员管理，对党员进行教育和监督，促进党员发挥先锋模范作用，提高党的战斗力的一项组织保证。

3. 党员定期向党组织汇报思想和工作

党员定期参加党的组织生活会，汇报自己的思想和工作，获得党组织和其他党员的帮助。其他党员在思想和工作上有什么问题，也应当随时向党组织汇报和反映。这是党员接受党组织教育和监督的一种方式，是党组织了解掌握党员思想和工作情况的一种途径，也是我们党内生活的一个优良传统。

4. 开展党日活动

党日是指党的组织和党员进行党的活动的专门时间。通常每隔一定时间安排一次，用以召开党的会议，研究党的工作，进行党的教育，过组织生活，接收新党员入党，以及向群众进行党的宣传工作等。开展党日活动，对于活跃党内民主生活，增强党员党性观念，增进党的团结，加强和改善党的领导，充分发挥基层党组织的战斗堡垒作用和党员的先锋模范作用，具有重要意义。

5. 收缴党费

各级党委和组织部门要建立健全党费收缴、管理制度，定期检查党费收缴、管理和使用情况，发现问题及时纠正。按照党章规定，对无正当理由，连续六个月不交纳党费者，应当按自行脱党处理。

6. 进行民主评议党员

民主评议党员是根据从严治党的方针，把党员教育、管理、监督和服务融为一体，加强党的建设的一项基本制度。每年进行一次的民主评议党员，是通过对全体党员进行做新时期合格共产党员的教育，通过民主评议和组织考察，检查和评价每个党员在改革开放和现代化建设中发挥先锋模范作用的情况，表彰优秀党员，清除腐败分子和处置不合格党员，以此提高党员素质，增强党组织的凝聚力和战斗力。

7. 进行党籍管理

党籍是党员的资格。党籍管理是党员管理中一项十分重要的工作。申请入党的人被党组织批准后，就算取得了党籍。预备党员也有党籍。凡是党员自动退党、被劝退出党、自行脱党、党员重新登记时未予登记、受到开除党籍的纪律处分以及取消预备党员资格，就都失去了党籍。党组织按党章及有关规定应及时办理相应手续。党组织对党员党籍的处理必须采取十分严肃和慎重的态度。

8. 转移党员组织关系

党员组织关系介绍信是党员政治身份的证明。党组织在党员变更工作单位或居住地点时，按照有关规定将其党员组织关系由一个单位或地区转移到另一个单位或地区。有关党组织只有在接到其组织关系介绍信后，才能承认其党员身份，并将其编入一个支部，参加党的组织生活。党员临时外出，时间在六个月以内的，可开具党员证明信或《流动党员活动证》，证明其党员身份，在所去单位党组织过组织生活，但在这个党组织中没有表决权、选举权和被选举权。

9. 对流动党员进行管理

随着改革开放和社会主义现代化建设的不断发展，劳动力在产业间转移和地区间流动日趋广泛，外出务工经商和人才流动中的党员越来越多，流动的范围也越来越广。加强和改进对流动党员的管理，使他们在流动中能够及时参加党的组织生活，接受党组织的教育、管理、监督和服务，发挥先锋模范作用，是党员管理的一个新课题，也是新形势下加强党的建设中一项十分紧迫的任务。

（四）党员管理的主要方法

从“两新”组织及党员的实际情况出发，党组织应采取以强化党员意识、提高自身素质、发挥先锋模范作用为重点，把握差异，突出实效，探索实践，融党员教育、管理、服务为一体的分类管理方式。

1. 对党务工作者实行全程式管理

“两新”组织的党组织成员、党小组负责人是推进“两新”组织党建工作的关键力量，抓好对这些党务工作者的管理，就抓住了“两新”组织党员管理的龙头。因此，对“两新”组织的党组织的主要成员和各个党小组的负责人，要从“选、训、督”三个重点环节进行全程式管理。优选，在政治素质好的党员中认真考察，好中选优，让党员公认、群众认可。特别是对党组织负责人，采取自然过渡、继任，按党的基层组织选举工作程序选举，以及从挂靠党组织中选派等方式确定；培训，党组织负责人以参加区、街镇、行业系统组织的党务工作培训为主要方式，党组织其他成员和各个党小组负责人主要由本级党组织根据本企业实际情况，把党务、业务技能和生产管理知识相结合，组织综合性培训；督导，采取分级管理、层层落实的督导方式。直接上级党组织对“两新”组织的党组织进行工作督导，各“两新”组织的党组织对下属党组织或党小组进行工作督导。

2. 对党员骨干实行目标式管理

作为“两新”组织中的党员骨干，组织中的党员生产技术和经营管理等人员，在工作中的党员形象往往伴随着其工作影响力而受到普遍关注。为此，对这部分党员实行目标式管理：对普通的党员技术管理人员，采取集中学习、实践锻炼等方式，重点开展党的优良作风和大是大非判断力等方面的教育，促使他们达到党性意识强、遵守纪律严、团结群众好、工作效能高的管理目标；对高级管理和技术人员中的党员，重点提高他们的政治理论素养，促使他们在牢记党员身份和宗旨方面起到表率作用，在倡导优秀企业文化方面起到带头作用，在推动企业健康高效发展方面起到“顶梁柱”的作用，在维护职工权益方面起到中坚作用；对处于成长过程的中青年党员，党组织辅导他们设计职业生涯规划，树立阶段性奋斗目标，并有针对性地组织开展各类业务技能培训和实用知识讲座，帮助党员取得任职或技能资格（证书）。

3. 对优秀党员实行示范式管理

在“两新”组织中的各类岗位上涌现出不少优秀党员和典型，为了发挥他们的先锋示范作用，辐射带动更多的党员和群众，应对他们实行示范式管理，要求他们在企业中“亮身份、亮岗位、亮业绩、亮姿态、亮形象”，用党员榜样的力量在企业职工群众中带动形成“向党员看齐、向党员学习、向党组织靠拢”的良好氛围。

4. 对流动党员实行跟踪式管理

随着业务拓展，“两新”组织中不少党员成为开拓市场和业务的主力。他们中有的长期出差在外，有的常驻外地甚至国外，成为企业的“流动”党员。对这部分流动党员，采取跟踪式管理。以加强党员身份意识为重点，一方面，采取“QQ 网上学、邮学、送学”等方式进行政治思想、职业道德和法纪法规教育。另一方面，指派专人联系，要求他们定期向党组织递交工作和思想汇报、缴纳党费。

二　非公有制经济组织和新社会组织党员日常管理

（一）党员组织关系的接转

党员组织关系，是指党员对党的基层组织的隶属关系。按照党章的规定，每个党员不论职务高低，都必须编入党的一个支部、小组或其他特定组织，参加党的组织生活，接受党和群众的监督。申请入党的人一经被批准入党，接收其入党的党组织就把其编入党的一个基层组织，从此就确定了他的组织关系。党的组织关系一经确定，党员就可以而且必须参加该组织的生活，并在其中积极工作。

对“两新”组织党员，要在消灭党组织组建工作空白点、扩大党的工作覆盖面的基础上，做好党员组织关系接转工作。党员在“两新”组织工作六个月以上（一般以劳动合同的规定为准）的，其组织关系应转入所在单位党组织；工作三个月以上六个月以下的，要及时转入临时组织关系；所在单位未建立党组织的，转到当地“两新”组织协会党组织或乡镇、街道党组织；人事关系挂靠在当地人才交流中心的，转至该中心党组织；选派到“两新”组织工作的党员应及时办理党员组织关系转移手续；因客观原因暂时无法转移组织关系的，或因流动过于频繁而不便转接组织关系的，要办理《流动党员活动证》。要做出面向全国的统一规定，各地方、各企业党组织无正当理由不得拒绝转出或接入党员的组织关系；对违反规定的，要给予严肃的教育和批评，必要时要追究有关人员的责任。

转移和接收党员组织关系需要具有凭证。党员组织关系的凭证有三种，即中国共产党党员组织关系介绍信、中国共产党党员证明信和中国共产党流动党员活动证。转移和接收正式组织关系，应当凭据中国共产党党员组织关系介绍信，转移和接收临时组织关系，应当凭据中国共产党党员证明信或中国共产党流动党员活动证。需转移组织关系时，要经党组织批准方可办理党员组织关系转移手续；党员在转移组织关系时，应由其所在党支部开出证明，由党员本人持证明到上级党委组织部门办理转移手续，不能自己携带的，应由机要交通或机要邮政转递。组织部门开具党员组织关系介绍信要使用统一式样的“中国共产党党员组织关系介绍信”。党员组织关系介绍信必须加盖公章，并在介绍信和存根的连接部位加盖骑缝章。

（二）党费的收缴与管理

按时交纳党费是每个党员应尽的义务，党的有关文件规定，党员根据其月工资收入，按一定的比例交纳党费，自愿多交党费不限。

月工资收入是指工资总额中相对固定的、经常性的工资收入，包括职务工资、级别工资、基础工资、工龄工资、等级工资、岗位工资、津贴、奖金等。

按时交纳党费是党员必须具备的条件之一。一般情况下，不允许提前交纳或一次集中补交党费。如有特殊情况，党员暂时离开原支部，按时交纳党费确有困难，经支部委员会同意，提前交或以后补交是可以的，但补交时间不得超过三个月。

党员交纳党费的比例为：每月工资收入（税后）在3000元以下（含3000元）者，交纳月工资收入的0.5%；3000元以上至5000元（含5000元）者，交纳1%；5000元以上至10000元（含10000元）者，交纳1.5%；10000元以上者，交纳2%。实行年薪制的党员，每月以当月实际领取薪酬收入为计算基数。不按月取得收入的个体经营者的党员，每月以个人上季度月平均纯收入为计算基数。离退休干部、职工中的党员，每月以实际领取的离退休费总额或养老金总额为计算基数，5000元以下（含5000元）的按0.5%交纳党费，5000元以上的按1%交纳党费。农民党员每月交纳党费0.2—1元。学生党员、下岗失业党员、依靠抚恤或救济生活的党员、领取当地最低生活保障金的党员，每月交纳党费0.2元。交纳党费有困难的党员，经党支部研究，报上一级党委批准，可以少交或免交党费。

预备党员应从上级党组织批准其为预备党员的那天起开始交纳党费。

党员因违犯党纪受警告、严重警告、撤销党内职务、留党察看的处分，仍应按规定交纳党费。受开除党籍处分的党员，支部大会作出决议后，在上级组织审批期间，一般仍应交纳党费。

党费必须用于党的活动。主要使用范围是：教育、培训党员；订阅或购买用于党员学习、教育的报刊、资料和设备；表彰先进党组织、优秀共产党员和优秀党务工作者；补助生活困难的党员。

（三）党员党龄的计算

在我们党的历史上，有些时期有预备期，有些时期则没有预备期，有些时期入党时间则从党委批准之日算起，情况不尽相同。这样，在不同的时期，党龄的计算就有了不同的情况。

1921.7.1—1923.6.9，入党时间为上级党委批准之日，无预备期，党龄同时开始计算。

1923.6.10—1927.4.26，入党时间为上级党委批准为预备党员之日，党龄从转正之日算起。

1927.4.27—1928.6.17，工人、农民、手工业者、店员、士兵入党时间为上级党委批准之日，无预备期，党龄同时开始计算；知识分子、自由职业者入党时间为上级党委批准之日，党龄从转正之日算起，预备期三个月。

1928.6.18—1945.4.22，入党时间为上级党委批准之日，无预备期，党龄同时开始计算。

1945.4.23—1956.9.14，入党时间为上级党委批准之日，党龄从转正之日算起（工人、苦力、雇农、贫农、城市贫民、士兵预备期六个月；中农、职员、知识分子、自由职业者预备期一年，其他人员两年）。

1956.9.15—1969.3.31，入党时间为支部大会接收为预备党员之日（须经上级党委批准），党龄从转正之日算起，预备期一年。

1969.4.1—1973.8.23，入党时间为上级党委批准之日，无预备期，党龄同时开始计算。

1973.8.24—1977.8.11，规定同上。

1977.8.12—1982.9.5，入党时间为上级党委批准为预备党员之日，党龄从转正之日算起，预备期一年。

1982.9.6—1987.10.24，入党时间为支部大会通过接收为预备党员之日（须经上级党委批准），党龄从转正之日算起，预备期一年。

1987.10.25至今，规定同上。

党龄计算还有一些特殊情况：受留党察看处分的党员，在他们恢复党员权利之后，其党龄连续计算；被错误地开除后又恢复党籍的党员，其党龄应连续计算；因自行脱党、劝退出党、要求退党而出党的人重新入党后，其党龄以重新入党后转为正式党员之日算起，前一段的党龄不能计算在内。

由于多种原因而失掉一段时间党籍的同志的党龄的计算，应根据不同情况处理：凡经党组织决定恢复这段时间党籍的，其党龄从原被批准为正式党员之日算起；被批准重新入党，有预备期的，其党龄从预备期满转为正式党员之日算起；按有关文件规定重新入党，没有预备期的，其党籍应从上级党委批准重新入党之日算起，前段党龄不能连续计算。

（四）因私出境归国人员的党组织生活的恢复

对出境前在原单位党组织办理了保留党籍审批手续、按期回国的留学人员，如本人能及时向党组织提出恢复党员组织生活书面申

请的，则按照保留党籍审批手续有关规定，由现工作单位（或所在地）党组织出面，与留学人员原单位党组织联系，取得一致意见后，及时办理相关手续。

对出境前未办理保留党籍审批手续或超期回国的留学人员，如本人能主动向党组织提出恢复组织生活的书面申请，主动向党组织提供本人相关的档案材料、说明出境期间情况和超期理由的，可由现工作单位（或所在地）党组织进行审查，并结合对其回国后现实表现的考察，提出具体处理意见提交支部大会讨论，报上级党委同意后，按下列办法办理恢复党员组织生活手续：

对无故超期六个月至一年的归国留学人员，可根据具体情况，给予适当的批评教育，本人接受党组织批评教育并有深刻认识，可恢复其党员组织生活。

对无故超期一年以上的归国留学人员，由现工作单位（或所在地）党组织对申请人进行为期六个月至一年的考察。在考察期间，归国留学人员要定期填写《归国留学人员恢复党员组织生活考察登记表》。考察期满，符合条件的，可恢复其党员组织生活。

对出境前未办理保留党籍审批手续又无法提供有效材料的留学人员，不能办理恢复党员组织生活手续。本人愿望强烈的，由现工作单位（或所在地）党组织向其说明情况，鼓励其重新入党。

（五）慎重处置不合格党员

不合格党员主要是指丧失共产主义信念，革命意志衰退，不履行党员义务，长期不参加党的组织活动，不起党员作用的党员。这些党员虽没有严重违纪行为，但已不具备党员条件，留在党内，会涣散党的组织，削弱党的战斗力，损害党的威信和事业。因此，应

当作为党支部的一项经常性工作，及时发现及时处置。处置要认真、严肃但又要妥善。

要坚持“事实清楚，理由充分，处理恰当，手续完备”的工作原则，根据不同情况给予不同的处置。对不合格党员的组织处置方式主要有以下三种：

1. 限期改正

限期改正是党组织对不合格党员进行教育的一种形式，也是督促这些党员在一定时间内改正错误，提高觉悟，达到合格党员条件所采取的一种组织处置措施。限期改正这一组织处置形式，适用于虽然属不合格党员，但本人有继续留在党内的强烈愿望，愿意接受党组织的教育帮助，有改正错误的决心和行动的人。对不合格党员作出限期改正的处置，必须经过支部党员大会讨论，按照少数服从多数的原则作出决定，并报上级党组织批准。“限期改正”的期限，一般为一年。“限期改正”期满，党组织应当及时对其是否具备党员条件进行讨论。如果不合格党员在“限期改正”期满时，经过支部大会讨论，认为他仍未改正缺点错误，仍未达到合格党员的条件，党组织应当劝其退党，劝而不退的予以除名，一般不再延长“限期改正”的时间。

2. 劝其退党

党章第九条规定：“党员缺乏革命意志，不履行党员义务，不符合党员条件，党的支部应当对他进行教育，要求他限期改正；经教育仍无转变的，应当劝他退党。劝告党员退党，需要经过支部大会讨论决定，报上级党组织批准。”如果本人坚决不退，并诚心表示愿意改正的，支部大会可根据情况决定其限期改正，时限一般为一年。期满后，再由支部大会讨论，根据其表现，确定是否劝其退党。对那些既不愿退党，又没有决心改正的党员，要在做好思想工作的基础上由支部大会讨论决定，报上级党委批准，宣布将他除名。不能再延长改正的期限。

3. 党内除名

党内除名包括三种情况：一是对自行脱党者除名。党组织在发现党员有脱党行为时，应及时对其批评教育，帮助其改正错误，而不要等到6个月以后才去过问处理。如果本人不接受教育，坚持不改，则应按照党章规定处理。二是对要求退党者除名。对那些改变了共产主义信仰，或者由于其他原因，不愿意继续做一个共产党员而要求退党的党员，在弄清楚情况以后，经支部大会讨论通过，宣布除名，并报上级党组织备案。三是对被劝告退党而坚持不退者除名。对那些按党章和有关规定应当劝其退党但经党组织耐心劝说本人坚持不改的党员，经支部大会讨论后可以宣布除名，报上级党组织批准后生效。除名不是党的纪律处分，也不能代替党纪处分。

处置不合格党员要把教育和处置结合起来，对“限期改正”的，党组织要指定专人负责帮助教育，尽快使他们达到合格党员的条件。对劝退、除名的不合格党员，党组织也应做好思想工作，要关心和团结他们，鼓励他们做一个好公民。

三　加强对非公有制经济组织和新社会组织流动党员的管理

流动党员是指由于就业或居住地变化等原因，在较长时间内无法正常参加正式组织关系所在党组织活动的党员。随着我国经济社

会的发展，流动党员逐渐增多。党的十八大报告指出，要“改进对流动党员的教育、管理、服务”。建立和完善党员管理制度，加强对流动党员的管理，严格党的组织纪律，充分发挥党员的先锋模范作用，成为新形势下基层党组织和组织部门加强党建工作的一项重要任务。

（一）对流动党员管理的任务、原则与要求

1. 流动党员管理的基本任务

一是引导党员严格履行义务，保障党员充分行使权利。党组织要引导党员严格要求自己，模范地履行党员义务，正确地行使党员权利，自觉地做合格党员。同时，党组织要为党员行使权利创造必要条件。

二是组织党员参加活动。党组织对党员的日常管理，主要体现在经常组织党员参加党的活动上，如参加组织生活、缴纳党费、接受党的教育和培训、完成党组织分配的工作等。

三是严格党员组织关系和党籍管理。党员的工作变动是经常发生的，对党员的管理必然是动态的。党员流动后要按规定办理转移组织关系的手续，党员凭组织关系参加党的组织生活。

四是严肃处置不合格党员。对于那些理想信念动摇，价值观念发生变化，已经不具备党员条件的党员，党组织应按照党章规定，采取相应措施进行组织处理，逐步形成党员队伍的自我纯洁机制，以保证党员队伍的纯洁性。

五是做好下岗职工党员、解除劳动关系和失业党员、流动党员、离退休党员的管理工作。积极探索党员管理工作的新机制和新方法，是党员管理工作面临的新课题。

2. 流动党员管理的原则

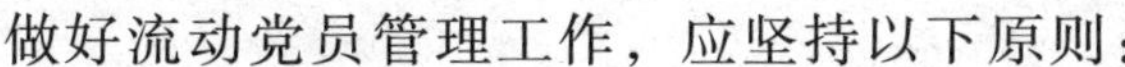

做好流动党员管理工作，应坚持以下原则：

一是坚持以流入地党组织为主、流出地和流入地党组织共同管理的原则。构建流出地与流入地党组织密切配合、有机衔接的流动党员管理机制。

二是坚持区别情况、动态管理的原则。根据流动党员的分布状况、职业特点和居住地点等情况，采取单位管理、行业管理和社区管理等多种方式，努力做到党员流动到哪里，党组织的管理就覆盖到哪里。

三是坚持教育、管理与服务相结合的原则。强化服务意识，寓教育、管理于服务之中，增强流动党员的党性观念、组织观念和光荣感、归属感与责任感。

3. 流动党员管理的总体要求

流动党员要认真履行党员义务，正确行使党员权利，在流入地参加党的日常组织生活，在正式组织关系所在党组织参加选举等重要活动，自觉接受流出地和流入地党组织的教育和管理，发挥先锋模范作用。党组织对流动党员的基本要求有以下几个方面：

一是外出前，应向所在党支部报告外出事由、时间、地点及联系方式，领取《流动党员活动证》。

二是凭《流动党员活动证》及时到流入地党组织报到，积极参加党的组织生活，按规定交纳党费，完成党组织交给的任务。流动党员原则上应当按月交纳党费，因外出地点变动频繁等原因按月交纳确有困难的，可以按季交纳。

三是主动与流出地党组织保持联系，每年至少向流出地党组织汇报一次外出期间思想、工作和参加党的组织生活情况。外出地点、

就业单位、居住地和联系方式等发生变化时，应及时向流出地党组织和有关党组织报告。

四是外出返回后，及时将《流动党员活动证》交给流出地党组织查验，如实向党组织汇报外出期间的情况。

（二）加强党组织对流动党员的管理

1. 在流动党员集中的地方建立党的组织

党章规定，要加强和改进流动党员管理。在流动党员较为集中的地方和单位，应当按照党章规定和有利于促进党员合理流动、有利于加强对流动党员的管理、有利于更好地发挥流动党员作用的原则，专门建立党的组织。这是加强流动党员管理的基础和依托。

流动党员较多的社区（村）、集贸市场、商务楼宇，应建立党支部或党小组。这些党支部或党小组可由乡镇、街道党组织领导，也可由当地工商行政管理部门党组织或个体劳动者协会党组织领导。

流动党员集中的乡镇企业、私营企业、外商投资企业等经济组织，凡具备条件的，应建立党组织，统一管理外来的流动党员。党员较少的企业，可在几个企业中组建联合党支部或将党员就近编入一个支部。在流动党员相对集中的经济技术开发区，应同步建立党组织。

县以上政府人事（劳动）部门所属的人才（劳动）服务机构的党组织，具备管理条件并经同级地方党委同意，可以接收在人员流动过程中尚未落实工作单位或因某些原因暂时无法转移组织关系的党员的组织关系，并根据不同情况，组织这些党员过组织生活。

2. 流出地党组织应开展的工作

流出地党组织要了解掌握外出流动党员情况，加强与流入地党组织的联系，配合流入地党组织共同做好流动党员外出期间的以下教育管理工作：

①在党员外出前进行教育并提出要求，按规定登记并发放《流动党员活动证》。

②通过适当方式与外出党员继续保持联系，了解党员外出后的思想、就业和生活等情况，及时向外出党员通报党组织的重要情况，通知外出党员按规定参加党内选举等重要活动。

③与党员流入地或单位党组织保持联系，及时掌握党员的去向，发现外出党员不按规定接转组织关系，或不将《流动党员活动证》交外出所在地或单位党组织，或长期不参加党的组织生活、不交纳党费、不做党所分配的工作等情况时，要严肃批评教育。对无正当理由连续6个月以上不参加党的组织生活，或不交纳党费，或不做党所分配的工作的，应按党章规定作自行脱党处理。

④党员返回后，要认真查验《流动党员活动证》记载的内容，听取党员外出期间的工作和思想等情况的汇报，详细了解他们外出期间的表现以及参加党的组织生活情况。

⑤了解预备党员外出期间的表现，按规定做好预备党员转正工作。

3. 流入地党组织应开展的工作

流入地党组织对流动党员管理负有主要责任，要加强与流出地党组织的联系，把流动党员纳入本地党员教育管理的整体工作中。流动党员流入地区或单位的党组织应着重做好以下几项工作：

①认真查验《流动党员活动证》，转移党员组织关系凭证，验明外来流动党员的身份后，应及时将其编入党的一个组织，并登记造册，报上级党组织备案。

②流动党员就业单位有党组织的，应当编入其就业单位党组织；就业单位没有党组织的，可以就近就便编入所在社区（村）党组织或其他单位党组织，也可依托商会、行业协会等单位的党组织进行管理。在流动党员较为集中的社区（村）、项目工地、商务楼宇和集贸市场等，可专门建立流动党员党组织。

③对接收的外来流动党员，要同本单位的党员一样，严格管理、严格要求，并进行经常性教育。组织他们参加党的组织生活和其他党内活动，分配他们做适当的工作。

④对持《流动党员活动证》的党员，应认真填写其《流动党员活动证》内的有关内容。

⑤对于因工作、经济等原因不能回原所在党组织办理组织关系转移手续的党员，帮助其办理组织关系转移手续。

⑥关心外来流动党员，为他们就业、学习和生活提供必要的帮助。

⑦如实填写流动党员参加活动、缴纳党费等情况，并及时反馈给流出地党组织。

⑧做好外来流动预备党员的教育和管理工作。

（三）实施《流动党员活动证》制度

《流动党员活动证》制度是为了加强流动党员管理，推进党的建设而建立的一项制度。《流动党员活动证》由各省、自治区、直辖市党委组织部严格按照中央组织部制定的统一式样定点印制，在《流动党员活动证》上一般应贴党员本人近期免冠一寸照片，并由发证的基层党委在照片上加盖印章。特殊情况未贴照片的，可与本人的居民身份证同时使用。《流动党员活动证》由基层党委负责发放。发

放时，要登记造册，详细登记持证外出党员的姓名、所在支部、发证时间、外出原因、外出地点、外出时间等情况，并报上级党组织备案。

《流动党员活动证》适用于短期外出（六个月以内）或长期外出但暂时无法转移组织关系的党员。下列情况不能使用《流动党员活动证》：短期（六个月以内）外出参加会议、学习进修、借调工作、办理公务、休假探亲的党员，仍开具党员证明信；长期（六个月以上）外出务工经商且有固定地点的党员，应转移正式组织关系；流动性较大，无固定地点，但可以经常返回原所在单位的党员，仍在原单位参加党的组织生活；集体外出、地点相对集中，且有三名以上正式党员的，可通过建立党支部（临时党支部）或党小组进行管理。

原所在地党组织应做到如下几点：对外出党员进行教育并提出要求，按规定登记发放《流动党员活动证》；通过适当方式与党员继续保持联系，了解党员外出后的思想、工作情况，及时向外出党员通报党组织的重要情况；党员返回后，要认真查验《流动党员活动证》记载的有关内容，详细了解党员外出期间的表现，听取党员汇报外出期间的工作和思想情况。党员外出后不按规定将《流动党员活动证》交外出所在地或单位党组织的，无正当理由连续六个月不参加党的组织生活或不交纳党费，或不做党所分配工作的，按照党章的有关规定办理。通常情况下，党组织每年至少应查验一次外出党员所持的《流动党员活动证》，使用满三年的，应及时换发新证。党员私自填写《流动党员活动证》或弄虚作假的，一经发现，要严肃处理。

流入地党组织应做到：对持有《流动党员活动证》的外来党员，

验证后及时接收并将其编入党支部、党小组，同时报上级党组织备案。不得借各种理由拒绝接收。安排他们参加党的组织生活和其他党内活动、收缴党费，并分配他们做适当工作。认真填写《流动党员活动证》内有关内容。如外出地点变更等情况，应在《流动党员活动证》上如实填写，并由党支部负责人签名盖章。在“参加党的组织生活情况”一栏内，要简要地写明组织生活的内容及外来党员参加组织生活的情况；在“流动地点变更情况”一栏内，应注明党员同外出所在地党组织取得联系及离开的时间；“备注栏”用于说明其他栏目未尽事项，包括外来党员的先进事迹或犯有错误等情况。

持有《流动党员活动证》的党员应做到如下几点：一是外出前向所在的党支部报告；二是外出后及时将《流动党员活动证》交给外出所在地党组织，接受外出所在地党组织的教育管理；三是《流动党员活动证》应妥善保管，不得私自涂改，不准将其用于使用范围之外的其他活动；四是外出期间按照党员标准严格要求自己，积极参加党的组织生活，按规定交纳党费，完成党组织交给的任务，发挥党员的先锋模范作用；五是如有遗失应及时向签发单位党组织报告；六是外出返回后，及时将《流动党员活动证》交给党组织检验，如实向党组织汇报外出期间的情况。

第十章

强化非公有制经济组织和新社会组织党建工作的保障

完善和强化"两新"组织党建工作的保障机制，是加强"两新"组织党建工作、发挥党组织和党员作用的基础和后盾。目前，由于种种因素的限制和影响，"两新"组织党建工作还面临着很多难题。各级党委要建立健全对"两新"组织党建工作的保障机制，确保"两新"组织党建有人抓、有人管、有工作条件，为"两新"组织党组织发挥作用提供有力保障。

一 加强对非公有制经济组织和新社会组织党建工作的领导

"两新"组织党的建设要加强，各级党委的领导是关键。在新形势下，各级党委应从巩固党的执政地位、推进新时期党的建设新的伟大工程的战略高度出发，从增强党的领导和驾驭市场经济的能力、加强党对非公有制经济的政治领导、确保全面建成小康社会、

加快社会主义现代化建设顺利进行的客观需要出发，按照“两新”组织发展到哪里，党的工作就做到哪里，党的组织就延伸到哪里，党员作用就发挥到哪里的思路，针对存在的问题、不足和困难，采取切实有效的措施，大力加强和改进“两新”组织党的建设。

（一）加强各级党委对“两新”组织党建工作的领导

由于非公有制经济发展较快，虽然各级党组织为扩大“两新”组织中党的组织和党的工作的覆盖面，进行了积极探索，并取得了显著成效，但是“两新”组织党的建设工作总体上仍然相对滞后，“两新”组织中党的力量还比较薄弱。由于“两新”组织党建工作是一个全新的领域，又是高难度的课题，如果没有党的坚强有力的领导、科学有效的指导和坚持不懈的努力，“两新”组织党建工作就会流于自发性，就难以避免出现各种失误和偏差，就不可能实现预期的目标。因此，必须大力加强各级党委对“两新”组织党建工作的领导，为开创“两新”组织党建工作新局面提供保证。

新形势下，面对加强党建的新任务和新目标，必须大力加强党委对“两新”组织党建工作的统一领导。

地方各级党委在本地区处于“总揽全局，协调各方”的领导核心位置，对搞好“两新”组织党建工作负有统一领导的重要责任。各级地方党委要站在坚持党对“两新”组织的政治领导，坚定地推进建设中国特色社会主义事业，巩固党的执政地位和保证国家的社会主义方向的战略高度，切实加强对“两新”组织党建工作的领导和指导。要把“两新”组织党建工作切实列入党委议事日程，着力研究和解决“两新”组织的党组织建设的重大理论和实践问题，促进“两新”组织健康发展。要明确和落实领导和部门责任制度，明

确地方党委书记是第一责任人制度，完善领导干部联系“两新”组织制度，建立健全党建领导小组制度或联席会议制度，切实形成“主要领导亲自抓，分管领导专门抓，相关领导和部门共同抓，一级抓一级，层层抓落实”的责任体系。要进一步建立和健全领导和部门责任考评制度，健全目标责任制和考核责任制，完善检查考核机制，坚持把加强“两新”组织党建工作，作为检验领导班子和领导干部工作实绩的重要方面。要切实解决部分“两新”组织的党组织缺少活动经费或无活动场所等实际问题，为其开展“创先争优”活动、更好地发挥作用创造良好条件。

从纵向看，还要合理划分不同层级党委的职责。一般来说，省一级党委主要负责制订全省（自治区、直辖市）“两新”组织党建工作的总体规划，负责制定和落实“两新”组织党建工作的领导责任制。地级和县级党委在“两新”组织党建工作中负主要责任，其主要职责是：落实省级党委制订的“两新”组织党建工作总体规划，制订本地区“两新”组织党建工作的具体规划和目标，搞好调查研究，搞好分类指导，加强督促检查。街道党工委、乡镇党委在“两新”组织党建工作中负直接责任，其主要职责是：切实掌握辖区内“两新”组织及党员分布情况，创造条件在这些企业中建立健全党组织，加强对“两新”组织党组织的管理，提出工作目标和要求，建立相关工作制度，检查和督促企业党组织负责人认真履行职责，培训党组织负责人。每一级党委要向下一级党委下达工作任务，并同各级党委签订责任书，经常检查督促下一级党委的工作。党委常委要负责联系一个下属地区或企业，抓出典型，带动全局。这样，形成一级抓一级、一级带一级的党建工作责任制。真正把“两新”组织党建工作抓实、抓好、抓出成效。

（二）加强组织部门对“两新”组织党建工作的统筹协调和指导

在“两新”组织中开展党建工作，会遇到的新情况、新问题层出不穷，困难和障碍也很多，作为各级党委重要职能部门的组织部门，要使自己的认识跟上客观形势的发展，按照党章要求，加强统筹协调和工作指导，在“两新”组织党建工作方面当好党委的参谋和助手。

一是党委组织部门要解放思想、求真务实，以改革创新的精神，不断探索符合时代特点、反映“两新”组织实际的党建工作新路子。“两新”组织党的建设工作，是目前党的建设中一个十分具有挑战性、探索性的新领域和新课题。因此，做好这项工作，既要坚持党的学说的基本原理，继承党的建设的一些行之有效的做法，又要敢于和善于结合新的实践、新的情况，实施新举措、采用新办法、总结新经验。要努力消灭基层党建工作的空白点，不断扩大党的工作的覆盖面，建立健全党的组织，要探索党建工作的新内容和新方法，提高工作的有效性；要着眼于长效管理，规范运作，形成党建工作的新机制；要总结多方经验，探索工作规律，努力开拓党建工作的新局面。

二是党委组织部门要在党委的正确领导下，逐级明确领导责任制，加强政治领导和业务指导，做好“两新”组织党建工作的具体部署和督查工作。按照齐抓共管的方针，党委要从领导体制上保证“两新”组织党建工作的顺利开展。要分类指导，对党建工作基础较为薄弱的，采取主要领导分工挂钩的办法，进行整顿或帮扶，对党建工作基础较好的，注重加强制度建设，强化机制，推进党建工作规范化。要改进方法，抓示范组织，抓大带小，抓先进带后进，要深入实际，加强调研，为党委进行“两新”组织党建工作的决策提供有益的参考。要坚持走群众路线，充分尊重广大党员、干部和群众，特别是“两新”组织党员、干部的首创精神，善于总结和提炼实践中行之有效的、加强“两新”组织党建工作的、新鲜而又先进的经验，并加以宣传和推广。要加强对本地区的“两新”组织党建工作的业务指导，包括对党组织的组建方式、规模和管理模式，党员活动的方式和方法，党员的管理教育和培训，党员的发展，党组织与“两新”组织关系的处理等问题，加以有效的指导，以扎实推动本地区“两新”组织党建工作的发展。

三是党委组织部门要负责制定“两新”组织党建工作的规范性条例。“两新”组织党组织是根据《中国共产党章程》的有关规定建立起来的党的基层组织，是党在这个领域全部工作和战斗力的基础。制度建设是“两新”党建工作的基础性工作，必须建立健全有关“两新”组织党建工作的规章制度，做到有法可依，有章可循。组织部门要在宏观上与全局上加强指导，不断探索“两新”组织党建工作的共同特点和普遍规律，在深入调查研究的基础上，从“两新”组织党建工作指导原则、党组织的设置、党组织的地位和任务、隶属关系以及工作方法、活动方式等方面，制定出指导“两新”组织党建工作的规范性条例，为党组织开展工作提供依据。

四是党委组织部门要着重解决“两新”组织党建工作中存在的突出问题。当前，要特别抓住党的工作基础薄弱、党组织组建比例低、党组织和党员作用发挥不充分等突出问题，加大指导力度和督促力度，协调各方面力量共同解决，力求在短期内有较大突破。要尽力帮助“两新”组织党组织解决工作中的实际问题和实际困难，

做他们的主心骨，切实发挥好组织工作部门“党员之家”和“干部之家”的应有作用。

（三）加强宣传部门对“两新”组织党建的舆论支持和思想政治工作

党委宣传部门要负责抓好党和国家关于发展非公有制经济的理论和方针政策的宣传，加强对“两新”组织党建工作的宣传报道，为“两新”组织党建工作提供舆论引导和舆论支持。党委宣传部门作为党的宣传思想工作的职能部门，还要协助党委指导“两新”组织的党组织做好思想政治工作。思想政治工作是“两新”组织党建工作的有机组成部分，是实现党对非公有制经济的政治领导、发挥企业党组织在职工中的政治核心作用的重要手段。党委宣传部门对“两新”组织的思想政治工作负有重要的指导责任。

党委宣传部门要通过宣传报道搞好“两新”组织党建工作促进企业发展的事例，使企业主消除顾虑，理解、欢迎和支持在企业建立党组织和开展党的活动。

党委宣传部门要通过宣传报道宣传思想工作，使“两新”组织认识到我党思想政治工作的优势，纠正那种思想政治工作只适用于国有、集体企业，而不适用于“两新”组织的片面认识，为“两新”组织开展思想政治工作提供有利的社会环境和工作环境。

党委宣传部门要负责起草制订本地区“两新”组织宣传思想政治工作的总体规划和指导性文件。对本地区一定阶段内“两新”组织宣传思想工作的指导思想、方针原则、任务目标提出明确要求，对主要的工作步骤、工作措施提出明确意见，以有效地指导“两新”组织思想政治工作的开展。

党委宣传部门要负责培养“两新”组织宣传思想工作的骨干队伍。党的十八大报告指出：“加强和改进思想政治工作，注重人文关怀和心理疏导，培育自尊自信、理性平和、积极向上的社会心态。”思想政治工作注重人文关怀和心理疏导，必须坚持贴近实际、贴近生活、贴进群众。针对当前“两新”组织思想政治工作队伍力量薄弱的现状，要把建立一支过硬的“两新”组织宣传思想工作队伍作为新形势下加强和改进思想政治工作的一个突破口。

党委宣传部门要通过开展对“两新”组织思想政治工作的检查评比，对工作开展有成效的地方和企业，要予以表彰和奖励；对工作开展不力或效果不好的地方和企业，要加强督促和指导，使其切实加强工作力度，尽快提高工作能力和水平。

(四) 加强统战部门在“两新”组织党建工作中的支持配合

党委统战部门是党委开展统一战线工作的职能部门，配合做好非公有制经济人士的统战工作是新形势下统战部门的重要任务。因此，统战部门要发挥自身优势，通过做好“两新”组织业主的工作，给予“两新”组织党建工作有力的支持和配合。统战部门应坚持以“服务、配合”为原则，着重做好团结、帮助、教育和引导“两新”组织业主的工作，把他们团结在党的周围，使他们支持在本单位建立党的组织和开展党的工作。自觉地为建设中国特色社会主义事业贡献力量。

统战部门特别要加强对工商联的领导工作，工商联是党领导下的具有统一战线性质的人民团体和民间商会。1991 年下发的《中共中央批转中央统战部〈关于工商联若干问题的请示〉的通知》，进一步明确了工商联的性质、主要会员对象和工作职能等。其主要职能

就是配合党和政府工作，对“两新”组织的业主进行团结、帮助、教育和引导，逐步培养一支坚决拥护党的领导的积极分子队伍。2010年9月16日，中共中央、国务院颁发了《关于加强和改进新形势下工商联工作的意见》（以下简称《意见》）。《意见》指出，“非公有制经济成为社会主义市场经济的重要组成部分和社会主义现代化建设的重要推动力量”。《意见》中明确指出，“工商联是中国共产党领导的以非公有制企业和非公有制经济人士为主体的人民团体和商会组织，是党和政府联系非公有制经济人士的桥梁纽带，是政府管理和服务非公有制经济的助手，在我国经济、政治、文化、社会生活中有着重要影响，在促进非公有制经济健康发展、引导非公有制经济人士健康成长中具有不可替代的作用。”《意见》中对工商联工作的指导思想是“团结、服务、引导、教育”，相比之前的《中共中央批转中央统战部〈关于工商联若干问题的请示〉的通知》）中的指导思想“团结、帮助、引导、教育”，现在是用“服务”替代了“帮助”。“新八字方针”反映出中央对广大非公有制企业和非公有制经济人士的重要作用有了新的认识，揭示出其对社会主义市场经济机制的深刻把握及相应地对转变政府职能的迫切要求。《意见》一经颁发，新华社随即撰文指出，“这是我国经济、政治和社会生活中特别是统一战线工作和工商联事业发展中的一件大事，对于坚持和完善我国基本经济制度、促进非公有制经济科学发展，对于适应政府职能转变、完善社会主义市场经济体制，对于坚持对外开放基本国策、不断提高我国开放型经济水平，对于巩固发展壮大爱国统一战线、加强党在非公有制经济领域领导，为全面建设小康社会凝聚最广泛的力量，具有重大的现实意义和深远的历史意义。”工商联作为党领导下的人民团体，可以配合党和政府承担联系非公有制经济人士的重要任务，成为党和政府联系非公有制经济人士的一个桥梁，成为在“两新”组织中开展党的建设工作的重要支持力量。

（五）加强工商行政管理部门在“两新”组织党建工作中的协助配合

工商行政管理部门是政府监管市场和进行工商行政执法的职能部门，也是监督管理“两新”组织的对口部门，对“两新”组织的经营管理活动有直接的行政约束力。工商行政管理部门在“两新”组织党建工作中的主要责任表现在以下几方面：

一是通过履行职能和公平、严格的执法和执纪活动，增强“两新”组织业主阶层广大人员的政策意识和法律意识，帮助他们养成遵守党的政策和国家法律的良好素养，使他们从依法经营、按政策办事的需要出发，提高对党组织的心理接纳程度。

二是工商行政管理部门的党组织要在工商行政管理业务中渗透党的思想政治工作，协助宣传部门和“两新”组织党组织开展思想政治工作和精神文明建设，要求“两新”组织在年检、验照时进行的摸底调查工作，为组织部门提供详尽而准确的注册情况，以便于党建工作责任部门针对各单位的条件建立党的组织、开展党的工作。对具备条件的“两新”组织做到“建厂”和“建党”同步进行，从源头上防止产生党建工作新的空白点，从而保证党建工作的长期有效推进。另外，其他一些经济管理部门和一些地方已经设立的招商机构，也有这方面的协助之责。

二　加强非公有制经济组织和新社会组织党建工作的经费保障与场所建设

中央有关文件规定，“两新”组织中党组织的活动经费，可通过多种渠道解决。党员交纳的党费可大部分或全部返还给所属党组织，作为活动经费。活动经费确有困难的，上级党组织应从分管的党费中适当拨补一部分。同时规定，按照有场所、有设施、有标志、有党旗、有书报、有制度的“六有”标准，加强“两新”组织党组织活动场所的规范化建设。根据中央有关文件精神，鉴于“两新”组织的特殊性，这些组织中的党组织的活动经费和活动场所可以通过多种渠道灵活解决。

（一）统一管理，建立健全党费管理制度

党费的收缴、管理和使用是党的基层组织建设和党员队伍建设的一项重要工作，是各级党组织的一项经常性任务。

党费是党员向党组织交纳的用于党的事业和党的活动的经费，交纳党费是党员对党组织应尽的义务。预备党员应同正式党员一样按照规定交纳党费。“两新”组织的党组织要严格按照有关规定教育和督促党员、预备党员按时交纳党费。但由于“两新”组织党员的收入有时处于隐性状态，有时浮动性较大，有的企业实行的是月薪制，有的企业实行的是年薪制；有的以货币形式表现，有的以实物，甚至股金形式表现；有的收入较稳定，有的收入不稳定，甚至有较大的风险等。因而，“两新”组织的党组织要做好细致的工作，确定

党员和预备党员交纳党费的基数，要根据党章和中央的有关规定，按照党员交纳党费的比例，及时收缴党费。同时，“两新”组织的党组织要加强与工商、税务部门的沟通，认真负责地做好有关党员的党费收缴工作。

党费管理是一项政治性很强的工作，“两新”组织党组织要按照统一管理、专人负责、建立会计专账、单独立户存放的原则建立健全党费管理制度。“两新”组织的党组织在党费问题上不能搞收支一条线，要及时上缴党费，并按规定领取返还党费，做好开支账目，认真负责管理。

当“两新”组织党组织活动经费确有困难时，上级党组织应从分管的党费中适当拨补一部分。为了保证“两新”组织党组织的独立性，党组织的活动经费不宜过分依赖企业，因此，上级党组织对“两新”组织党组织的活动经费给予支持就显得非常重要。

（二）注重实效，建立健全党建工作的激励机制

建立健全切实有效的党建工作激励机制，激励“两新”组织党组织增强党要管党的责任意识，充分发挥政治核心作用和战斗堡垒作用，激励党员增强党性意识和服务意识，激励党员发挥好先锋模范作用。

各级党委要按照“两新”组织党建工作的基本目标，努力消除“两新”组织党组织建设的空白点，扩大党的工作覆盖面，增强党的工作实效性，并按照这一工作目标，对下级党组织的工作加强监督检查。对工作进展快、措施得力、效果明显的地方、单位和企业，要给予表扬；对工作缓慢、措施不力、问题突出的地方、单位和企业要帮助分析原因，督促其改进。

各级党委要把“两新”组织党建工作的情况作为争创“党建工作先进县”“六好”乡镇党委、先进部门、职能部门先进科室、先进企业党组织的重要条件，同时将开展这项工作的情况列入党员领导干部特别是主要领导干部政绩的考核范围。

各级党委要对已建立起来的“两新”组织党委、党总支或党支部，要按照基层党组织建设的要求，年底由其上一级党组织，如县市党委、乡镇党委、街道党工委、开发区党工委等进行组织考核，使党建工作各项目标任务真正落到实处。同时，通过评选先进党支部、优秀党务工作者和优秀党员活动，对“两新”组织中表现突出的党务工作者和优秀党员予以表彰奖励。

落实“两新”组织党建工作的激励机制，必须注重实效，在工作实施中注意避免以下三个方面的情况：

一是避免急于求成。加强“两新”组织党建工作是一项长期工作，既要态度积极，认真落实党建工作的目标责任制，又要扎扎实实地开展工作。要立足“两新”组织的实际和党员、员工的思想实际，不能层层压指标、凑数字，更不能一哄而起，草率行事。

二是避免生搬硬套。党组织设置形式的选择，党组织地位和作用的界定，党组织工作内容和活动方式的确定，党建工作成效的检验，等等，都要体现党的性质、任务和宗旨，发挥党的传统优势，但不能简单地照搬照抄，而要结合实际，有针对性地提出对策。

三是避免有名无实。党组织的组建要坚持党章标准，坚持成熟一个组建一个，建立一个巩固一个，确保组建质量，确保真正发挥作用；要选配好、建设好“两新”组织的党组织领导班子，特别要防止出现党组织的“家族化”倾向；发展党员要把工作基点放在切实抓好入党积极分子的培养教育上，重点在经营骨干、科技骨干、生产一线的优秀工人中做好工作，严格按照标准和有关程序，坚持成熟一个发展一个，确保新党员质量。

（三）加强党组织活动场所的建设

新形势下，为做好“两新”组织党建工作，需要探索和完善“两新”组织党建工作保障机制。其中一项重要内容就是活动保障机制。而活动保障机制的主要内容就是加强党组织活动场所规范性建设。

党建工作场地就是“两新”组织党建工作场所，党员活动的基地。“两新”组织党组织如果没有活动基地，党的一切工作就无从谈起。客观上讲，在“两新”组织，负责人无“当然义务”为党组织提供人力、物力、财力等党建基本条件，这对于习惯“体制提供党建保障”的绝大多数党建工作人员来说，如何在“两新”组织取得必要的保障是一个难题。

目前，“两新”组织党员活动基地仍然是一个比较突出的问题。在全国各地的“两新”组织中，为党组织配备专用党建活动室，只占“两新”组织已建党组织总数很小的一部分，而且场地狭小，条件简陋。由于还要满足本单位生产经营需求，有些单位在房间硬件装修上有所保留，特别是不少涉外企业和位于高档楼宇的企业由于场地租金贵、场地综合利用率高、布置要求不同等原因，在明确布置党建活动室内容，营造浓厚的党建氛围等方面显得相对不足。

因此，各级党组织要重视和加大“两新”组织党建工作经费投入和阵地建设力度，着力解决“两新”组织党组织开展活动缺经费、少场所等困难。当前的难点之一，就是要按照有场所、有设施、有标志、有党旗、有书报、有制度的“六有”标准，加强“两新”组

织党组织活动场所规范化建设。

为解决“两新”组织党组织活动场所问题，目前适宜推广采取资源整合、企业自筹、上级党组织支持相结合的方式，帮助党员数量较多、条件具备的“两新”组织，建设相对固定的活动场所。倡导国有企事业单位、机关和乡镇（街道）、村（社区）的党组织与“两新”组织中的党组织活动场所共用、资源设施共享。有条件的地方，特别是在“两新”组织集聚的区域，要科学规划，合理布局，统一建设区域性、开放性、综合性的党群活动服务中心，支持“两新”组织的党组织正常开展党建活动，有效推进党的建设。

后　记

应各地许多非公有制经济组织和新社会组织中的党组织的党务工作者的要求，我们组织编写了《非公有制经济组织和新社会组织党务工作手册》一书。在本书编写过程中，我们参考借鉴了《最新非公有制经济组织和社会组织工作操作方法与创新实务》（红旗出版社）、《最新非公有制经济组织和新社会组织党务工作操作方法与案例启示》（人民出版社）、《中国非公企业党建创新研究》（红旗出版社）等有关书籍和资料的相关内容，在此，本书所有编写人员对所参考的以上书籍和资料的作者们表示衷心的感谢！

编　者

2014 年 9 月